はじめに

（この問題集の対象）

　この問題集は、公益社団法人日本証券アナリスト協会が運営するプライベートバンキング（PB）資格の試験対策のために書かれたものです。

　PB資格は、初級から上級まで、①プライベートバンキング・コーディネーター、②プライマリー・プライベートバンカー、③シニア・プライベートバンカーの3つに分かれていますが、この本は、中級のプライマリー・プライベートバンカー資格を受験される方を主な対象としています。また、初級のプライベートバンキング・コーディネーターを受験される方の要点のチェックや上級のシニア・プライベートバンカーを受験される方の基本知識の整理にも役立ちます。

（学習方法）

　この問題集の各章は、PBのメインテキストの「プライベートバンキング」（上下巻）（日本証券アナリスト協会編、ときわ総合サービス㈱発行）の各章と対応しています。学習方法については、まずメインテキストの各章を読んで、知識を習得、整理してから、この問題集の対応する章の問題を解くと、効果的です。

（この問題集およびテキストの購入）

　この問題集およびメインテキストの「プライベートバンキング」（上下巻）は、ときわ総合サービス㈱のホームページ（URL：http://www.tokiwa-ss.co.jp/）または書店で購入できます。また、後述のサブテキストは、原則としてときわ総合サービス㈱のホームページから購入できます。

（PB資格別の試験内容等）

　PB資格別の試験内容等は次の通りです。詳しくは日本証券アナリスト協会のホームページをご覧ください。

はじめに

	プライベート バンキング・ コーディネーター	プライマリー・ プライベート バンカー	シニア・ プライベート バンカー
レベル	初級	中級	上級
学習目標	PB分野の基本的事項の理解	PBとしての基本的対応力の習得	PBとしての実務対応力・応用力の強化
メインテキスト	「あなたもなれる！PBコーディネーター～プライベートバンカー入門52の心得～」（日本証券アナリスト協会編、ときわ総合サービス㈱発行）	「プライベートバンキング」（上下巻）（日本証券アナリスト協会編、ときわ総合サービス㈱発行）	「プライベートバンキング」（上下巻）（日本証券アナリスト協会編、ときわ総合サービス㈱発行）
サブテキスト	「金融商品なんでも百科」（知るぽると、金融広報中央委員会発行）「やさしい税金教室」（日本税理士連合会発行）	「証券アナリスト基礎講座」（日本証券アナリスト協会編）	「証券アナリスト通信教育講座」（日本証券アナリスト協会編）
試験方法、試験時間、試験内容	【コンピュータ試験】総合試験120分、130題	【コンピュータ試験】・第1単位（WM）120分、64題・第2単位（不動産、税金）120分、65題・第3単位（RM、信託・エステートプランニング、マス富裕層、職業倫理）120分、71題（単位ごとの受験が可能）	【コンピュータ試験】・第1単位（WM）180分、50題・第2単位（不動産、税金）120分、35題・第3単位（RM、信託・エステートプランニング、マス富裕層、職業倫理）120分、35題（単位ごとの受験が可能）

はじめに

	プライベートバンキング・コーディネーター	プライマリー・プライベートバンカー	シニア・プライベートバンカー
試験方法、試験時間、試験内容			【筆記試験】前記第1～第3単位合格者が対象
試験会場、試験実施日	全都道府県100余りの会場で年末年始、祝祭日等を除きほぼ毎日実施	同左	【コンピュータ試験】同左【筆記試験】日本証券アナリスト協会からの郵送で実施
試験の合否	試験終了後、直ちに合否が判明	試験終了後、直ちに合否が判明	コンピュータ試験は、試験終了後、直ちに合否が判明
資格取得条件	単位の区分はなく、1回の試験で資格取得	3年以内に3単位取得	3年以内に3単位取得、その後3年以内に筆記試験に合格
受験資格	誰でも受験可能	誰でも受験可能	・プライマリーPB資格取得者・CMA、証券アナリスト第1次レベル試験合格者、1級FP技能士、CFP認定者
受験料	7,000円	各単位8,200円×3、合計24,600円	・コンピュータ試験は、合計30,900円・筆記試験は10,300円
受験申込	日本証券アナリスト協会ホームページから申込 URL：http://www.saa.or.jp/	同左	同左

目　次 (上巻)

はじめに …………………………………………………………………………… i

第1章　RM (リレーションシップ・マネジメント)　　1

1　資産形成の経緯確認 ………………………………………………… 2
2　資産の現状確認 ……………………………………………………… 4
3　お金の効用と限界 …………………………………………………… 6
4　PB担当者の3つのCの役割 ……………………………………… 8
5　顧客の懸念事項 ……………………………………………………… 10
6　受動的資産と能動的資産 …………………………………………… 12
7　経営者の勇退パターン ……………………………………………… 14
8　経営者の勇退パターンごとの課題 ………………………………… 16
9　生涯顧客化戦略 ……………………………………………………… 18
10　顧客を獲得するための方法 ………………………………………… 20
11　Raving fanを作るためのアプローチ ……………………………… 22
12　社外ネットワーク活用の注意点 …………………………………… 24
13　PBが生涯現役キャリアの目標になる理由 ……………………… 26
14　キャリアアンカー …………………………………………………… 28
15　RMに求められる顧客姿勢 ………………………………………… 30
16　RMに求められる客観的要素 ……………………………………… 32
17　人間力の構成要素 …………………………………………………… 34
18　顧客との効果的な関係の構築 ……………………………………… 36
19　顧客の意思決定を阻害する心のハードル ………………………… 38
20　キャッシュフローの役割と位置付け ……………………………… 40
21　医師の財務課題 ……………………………………………………… 42
22　フリー・キャッシュフロー ………………………………………… 44
23　効果的顧客コミュニケーション手法の確立 ……………………… 46

第2章　WM (ウェルスマネジメント)　　49

1　富裕層の関心事 ……………………………………………………… 50
2　WM (ウェルスマネジメント) の目的 …………………………… 52
3　アジア各国の税金・税率 …………………………………………… 54
4　ファミリーミッション・ステートメント (FMS) ……………… 56

v

目 次

5	ファミリーが保全すべき資本	58
6	ファミリーミッションの実現	60
7	次世代への事業・財産承継	62
8	富裕層のニーズ	64
9	富裕層のリスク許容度	66
10	富裕層の顧客タイプ別ニーズ	68
11	リタイアメントプランニング	70
12	医療保険制度	72
13	個人のバランスシート	74
14	個人キャッシュ・フロー表	76
15	個人版ALM	78
16	個人のリスク管理手法	80
17	超富裕層のリスク対応策	82
18	生命保険	84
19	法人の事業活動のリスク管理	86
20	投資政策書の役割	88
21	投資政策書の利用メリット	90
22	顧客との面談時の取得情報	92
23	投資政策書の作成	94
24	顧客の定期的な支出ニーズへの対応	96
25	顧客の目標運用利回りの設定	98
26	顧客の運用対象期間	100
27	顧客のリスク許容度	102
28	株式市場の代表的な指標	104
29	株式投資の投資尺度（1）	106
30	株式投資の投資尺度（2）	108
31	EBITDA比率	110
32	割引債の価格	112
33	利付債の価格	114
34	債券の利回り	116
35	債券投資のリスク（1）	118
36	債券投資のリスク（2）	120
37	債券投資の格付け	122
38	転換社債	124
39	転換社債の転換株数	126
40	転換社債のパリティ	128

目　次

41	投資信託 …………………………………………………………	130
42	上場投資信託（ETF） ……………………………………………	132
43	不動産投資信託（REIT） ………………………………………	134
44	オプション取引 …………………………………………………	136
45	オプション・プレミアム ………………………………………	138
46	オプション投資戦略 ……………………………………………	140
47	スワップ取引 ……………………………………………………	142
48	外国資産への投資 ………………………………………………	144
49	外国株式等の金融商品 …………………………………………	146
50	アセット・アロケーション ……………………………………	148
51	NISA（少額投資非課税制度） …………………………………	150
52	一世代の資産保全 ………………………………………………	152
53	多世代の資産保全 ………………………………………………	154
54	事業承継と財産承継 ……………………………………………	156
55	同族内事業承継 …………………………………………………	158
56	非同族事業承継（MBO） ………………………………………	160
57	非同族事業承継（M&A） ………………………………………	162
58	相続税を考慮した事業承継策 …………………………………	164
59	相続税の仕組み …………………………………………………	166
60	相続財産の評価 …………………………………………………	168
61	相続の遺産分割対策 ……………………………………………	170
62	相続税の納税資金対策 …………………………………………	172
63	相続税の節税対策 ………………………………………………	174
64	贈与税の暦年贈与 ………………………………………………	176
65	相続時精算課税制度（1） ……………………………………	178
66	相続時精算課税制度（2） ……………………………………	180
67	遺言 ………………………………………………………………	182
68	遺留分 ……………………………………………………………	184

第3章　不動産　　187

1	不動産の固有の側面 ……………………………………………	188
2	不動産取得の判断基準 …………………………………………	190
3	不動産の物件紹介資料 …………………………………………	192
4	不動産の公的評価 ………………………………………………	194
5	不動産鑑定評価の基本的手法 …………………………………	196

vii

目 次

6	不動産価格の変動要因	198
7	不動産取引の留意点	200
8	不動産の媒介契約	202
9	不動産の登記記録	204
10	不動産のファイナンス	206
11	不動産投資の課題	208
12	不動産投資のリスクとリターン	210
13	不動産投資の外部専門家	212
14	固定資産税	214
15	登録免許税	216
16	不動産取得税	218
17	印紙税	220
18	消費税	222
19	個人不動産業の税金	224
20	資産管理法人と法人税	226
21	譲渡所得の税金（1）	228
22	譲渡所得の税金（2）	230
23	居住用財産の買換え特例	232
24	特定事業用資産の買換え特例	234
25	都市計画法	236
26	用途地域の建築制限	238
27	建築基準法	240
28	都市計画区域内の道路規制	242
29	区分所有法	244
30	普通借地権	246
31	定期借地権	248
32	相隣関係	250
33	既存不適格建築物と違法建築物	252
34	相続財産の評価（1）	254
35	相続財産の評価（2）	256
36	相続財産の評価（3）	258
37	小規模宅地の特例	260
38	不動産の生前贈与	262
39	海外不動産への投資	264
40	REIT（不動産投資信託）	266

参考：

目　次（下巻）

第4章 税　金　　　　　　　　　　　　　　　　　　　1

1	所得税の仕組み	2
2	所得税の納税義務者と課税所得	4
3	所得税の課税所得と非課税所得	6
4	所得税の計算手順	8
5	所得税の分離課税	10
6	所得税の損益通算	12
7	所得税の所得控除	14
8	所得税の税額控除	16
9	所得税の配当控除（1）	18
10	所得税の配当控除（2）	20
11	個人住民税	22
12	法人税の仕組み	24
13	法人税の課税所得	26
14	法人税の寄附金の損金算入	28
15	法人税の交際費	30
16	消費税の課税事業者	32
17	消費税の課税取引と非課税取引	34
18	不動産取引の消費税	36
19	生前贈与	38
20	贈与税と相続税	40
21	贈与税の非課税財産	42
22	相続時精算課税制度（1）	44
23	相続時精算課税制度（2）	46
24	住宅取得等資金贈与の非課税制度	48
25	教育資金贈与の非課税制度	50
26	贈与税の配偶者控除	52
27	低額譲受の贈与税	54
28	非上場株式等の贈与税納税猶予制度	56
29	贈与税の申告、納付	58
30	相続税の納税義務者と課税財産	60
31	相続税法の法定相続人	62

目 次

32	相続税の計算方法	64
33	相続税の非課税財産	66
34	生命保険の非課税限度額	68
35	相続税の債務控除	70
36	相続税の2割加算	72
37	相続財産の未分割	74
38	相続税の配偶者の税額軽減	76
39	相続税の小規模宅地等の特例	78
40	取引相場のない株式の評価方法	80
41	取引相場のない株式の原則的評価方法	82
42	会社規模区分の判定（1）	84
43	会社規模区分の判定（2）	86
44	類似業種比準価額方式	88
45	配当還元方式	90
46	純資産価額方式	92
47	類似業種比準価額方式での評価引き下げ	94
48	純資産価額方式での評価引き下げ	96
49	相続税の延納	98
50	相続税の延納、物納	100

第5章 信託・エステートプランニング　　103

1	信託の基本構造	104
2	信託の委託者	106
3	信託の受託者	108
4	信託の受益者	110
5	信託財産	112
6	信託の変更	114
7	信託の終了	116
8	信託の基本的機能	118
9	証券投資信託	120
10	有価証券の信託	122
11	不動産信託	124
12	新信託法で活用可能な信託類型	126
13	遺言代用信託	128
14	後継ぎ遺贈型の受益者連続信託	130

15	受益者の定めのない信託（目的信託）	132
16	信託の活用とメリット	134
17	信託の種類と課税方法	136
18	課税の態様ごとの信託の種類	138
19	受益者等が存在しない信託の課税	140
20	受益者等課税信託の特殊な課税	142
21	受益者連続型信託の課税	144
22	成年後見制度	146
23	法定後見制度	148
24	エステートプランニングの必要性	150
25	エステートプランニングにおけるPBの役割	152
26	エステートプランニングの手順	154
27	中小企業オーナーに対するエステートプランニング（1）	156
28	中小企業オーナーに対するエステートプランニング（2）	158
29	中小企業オーナーに対するエステートプランニング（3）	160
30	不動産オーナーに対するエステートプランニング	162
31	プロフェッショナルに対するエステートプランニング	164
32	キャッシュリッチに対するエステートプランニング	166
33	遺言の方式	168
34	遺留分	170
35	養子	172
36	経営者に対するリーガルサービス（1）	174
37	経営者に対するリーガルサービス（2）	176
38	経営者に対するリーガルサービス（3）	178
39	上場企業オーナー株主に対するリーガルサービス	180
40	金融商品取引業の内容	182

第6章 マス富裕層　　　185

1	金融資産規模	186
2	営業開拓上の位置付け	188
3	顧客の成長可能性	190
4	インカムリッチ・プロフェッショナルの代表的職業	192
5	職業特性	194
6	職業特性ごとの財務特性	196
7	インカムリッチ・プロフェッショナルの特性	198

目　次

8	財務特徴	200
9	資産形成期のソリューション	202
10	個人型確定拠出年金	204
11	小規模企業共済	206
12	経営者向け生命保険	208
13	暦年贈与の際の贈与税の課税	210
14	資産保全期のソリューション	212
15	次世代への資産移転	214
16	相続税の小規模宅地等の特例	216
17	リバースモーゲージの概要と現状	218
18	リバースモーゲージ提供時のリスクヘッジ	220
19	死亡保険金の課税	222
20	生命保険金の非課税規定	224
21	生命保険を用いた相続税対策	226
22	マーケティングアプローチ	228
23	効果的囲い込みのステップ	230

第7章　職業倫理　　233

1	職業倫理の提要	234
2	職業行為基準の構成	236
3	法令上の規制	238
4	資格保有者の職業と関連法令	240
5	信任関係（1）	242
6	信任関係（2）	244
7	信任関係（3）	246
8	客観的かつ公平な判断	248
9	十分な開示	250
10	利益相反の防止	252
11	専門家としての能力の維持・向上	254
12	守秘義務	256
13	投資の適合性	258
14	不実表示に係る禁止等	260
15	資格・認可を必要とする業務上の制約	262
16	懲戒処分の事由	264
17	懲戒の方法	266

第1章

RM(リレーションシップ・マネジメント)

1. 資産形成の経緯確認

> **問1** 顧客を知るプロセスのうち、資産形成の経緯を確認する方法に関する説明について、正しくないものはどれですか。

A. 資産形成の経緯を確認することにより、マネーロンダリングで問題のある顧客を排除することができ、包括的な提案に必要な顧客の基礎情報を収集することができる。

B. オーナー企業経営者の場合には、本体事業を中心に話を聞くことを心掛け、顧客の信頼を得るきっかけを失わないよう、この時点では証券投資に関する話については慎むことが望ましい。

C. 顧客を知るプロセスでは、事業の成功体験などを尋ねることにより、顧客との会話をスムーズに始めることができるが、顧客の話には批判的なコメントは挟まず、カウンセラーのように終始うなずきながら必要な情報を聞き取ることが大切である。

D. 会社のホームページを見れば、いつどのような分野で大型の投資を行ったかを確認できるので、顧客が何を大切に経営しているのか、どのような判断基準に基づいて意思決定をしているのかについて、確認する必要はない。

> **解　説**

顧客を知るプロセスのうち、資産形成の経緯を確認する際の注意点について理解する。

顧客を知るプロセスでは、顧客の資産形成の経緯を確認することによりマネーロンダリングで問題のある顧客の排除が可能となり、包括的な提案に必要な顧客の基礎情報を収集することができる。顧客の資産形成の経緯を確認する方法は、次の通りである。

第1章│RM（リレーションシップ・マネジメント）

---

(1)　過去の事業や投資の成功・失敗体験を聴く
　　事業の成功体験などの話題をきっかけにすることで、顧客との会話をスムーズに始めることができる。顧客の話は、批判的なコメントでさえぎらず、カウンセラーのように終始うなずきながら、必要な情報を聞き取ることが大切である。
　　投資提案の情報収集との誤解を受ければ、顧客の信頼を得るきっかけを失うことになるため、この時点では証券投資に関する話は慎むことが望ましい。

(2)　事業や投資の基本的な考え方や哲学を聴く
　　顧客が何を大切に事業を経営しているのか、どのような判断基準に基づいて意思決定をしているのかを確認することが重要である。ホームページで会社の沿革を見れば、いつ大型の投資を行ったかを確認できるが、本体事業の投資に関する質問への回答の中に、顧客の証券投資に対する好みや主観的リスク許容度などの情報が潜んでいる。

解答　正解　D

A．適切。資産形成の経緯を確認することにより、マネーロンダリングで問題のある顧客の排除が可能となり、包括的な提案に必要な顧客の基礎情報を収集することができる。

B．適切。オーナー企業経営者の場合には、本体事業の話を中心に聞くことを心掛け、顧客の信頼を得るきっかけを失わないよう、この時点では証券投資に関する話については慎むことが望ましい。

C．適切。事業の成功体験などの話題をきっかけにすることにより、顧客との会話をスムーズに始めることができるが、顧客の話には批判的なコメントは挟まず、カウンセラーのように終始うなずきながら、必要な情報を聞き取ることが大切である。

D．不適切。ホームページで会社の沿革を見れば、いつどの分野で大型の投資を行ったかを容易に確認できるが、顧客が何を大切に事業を経営しているのか、どのような判断基準に基づいて意思決定をしているのかを確認することが重要である。

3

2. 資産の現状確認

問2　顧客を知るプロセスのうち、資産の現状を確認する方法に関する説明について、正しいものはどれですか。

A. 顧客の事業の経常資金収支が赤字か黒字かを判断し、恒常的に赤字なら、早めに資金を確保する必要があるため、多少のリスクをとっても、資金を増やすことが望ましい。

B. 顧客の事業の経常資金支出の動向によっては、経営者個人の資産が、顧客の事業への最後の貸し手の役割を果たすため、顧客の事業の経常収支も確認することが望ましい。

C. 純資産の規模が大きいほど、リスク許容度は高いと判断できるため、上場を果たした起業家の場合には、持ち株を含めた純資産の規模が投資可能な流動資産と判断することができる。

D. 総合的タックスプランニングの提案には、資産の保有形態や持ち分を確認し課題を探る必要があるが、一度行った提案については、見直す必要はない。

解　説

　顧客を知るプロセスのうち、資産形成の経緯を確認する際の注意点について理解する。

　顧客の資産の現状を確認することは、最善の提案を行う上で重要なプロセスであり、一度行った提案は環境の変化に合わせて適時見直しが必要となる。見直しを怠れば資産規模が大きいため機会損失も大きくなる。顧客の資産の現状を確認する際の注意点は、次の通りである。

第1章｜RM（リレーションシップ・マネジメント）

(1)　経常資金の収支を確認する
　　顧客の事業の経常資金収支が黒字か赤字かを判断し、恒常的に赤字なら、向こう5年以内の生活資金不足額について、元本保全と流動性の確保を図る必要がある。資金の運用にあたっては、価格変動リスクや流動性リスクを取ることを控える。
　　また、経営者個人の資産は、顧客の事業への最後の貸し手の役割を果たすため、顧客の事業の経常収支を確認する必要がある。

(2)　資産・負債の総額を把握する
　　純資産の規模が大きいほど、リスク許容度は高いので、リスク許容度はより正確に把握する必要がある。上場を果たした起業家の場合、売却できない持ち株などを除いて、投資可能な流動資産の規模を把握することが重要である。

(3)　資産の保有形態を確認する
　　総合的タックスプランニングを効果的に提案するには、資産のみならず保有形態や持ち分からも課題を探り、改善の余地を検討する。過去に実施した提案は、環境の変化に応じて最善ではなくなる可能性も高いため、適時見直しを行う必要がある。

解答　正解　B

A．不適切。顧客の事業の経常資金収支が恒常的に赤字である場合には、向こう5年以内の生活資金不足額について、元本保全と流動性の確保を図る必要がある。資金の運用にあたっては、価格変動リスクや流動性リスクを取ることを控えなければならない。

B．適切。経営者個人の資産は、顧客の事業への最後の貸し手の役割を果たすため、顧客の事業の経常収支も確認することが望ましい。

C．不適切。純資産の規模が大きいほど、リスク許容度は高いと判断できるが、上場を果たした起業家の場合には、持ち株比率を一定以下に下げることができないため、売却できない持ち株などを除いて、投資可能な流動資産の規模を把握することが重要である。

D．不適切。総合的タックスプランニングの提案では、資産の保有形態や持ち分を確認し課題を探る必要があるが、過去に実施した提案については、環境の変化に応じて最善ではなくなる可能性も高いため、適時見直しを行う必要がある。

3. お金の効用と限界

> **問3** お金は人生をよりよくするための手段であり目的では
> ないため、お金の効用と限界を知っておく必要があるが、
> お金の得意な分野として、正しくないものはどれですか。

A. 必要なものを買う力
B. 他人を支援する力
C. 他人の時間を買う力
D. 健康を得る力

解　説

　お金の効用と限界について理解する。

　お金は、顧客の夢を実現するための手段であり目的ではないため、お金に支配されないためには、お金との付き合い方を身につけ、お金の得意な分野と不得意な分野を理解しておく必要がある。お金の得意な分野（お金の効用）は、次の通りである。

---

(1) 必要なものを買う力
　　お金には、必要なものを買う力があるが、ストレス性の支出により、本当に必要でないものにも支出することで、生活費が膨張してしまい、自己破産に陥る富裕層も見受けられる。このため、強制貯蓄等によりライフサイクル・コストを抑制する仕組みの導入も必要である。

第1章｜RM(リレーションシップ・マネジメント)

---

(2)　他人を支援する力

　お金には、支援が必要な人を助ける力があり、富裕層の父母等から生前贈与により世代間の資産移転を行うという支援ができる。ただし、次世代への支援は、教育費や医療費、住宅投資などに限定し、生活資金の赤字を継続的には支援しないという原則を徹底するのが重要である。一族の中に父母や祖父母からの支援を頼りにする、パラサイトシングルやパラサイトカップルを作らないように注意する必要がある。

---

(3)　他人の時間を買う力

　お金には、他人の時間を買う力があり、それは次の3つに大別できる。
　①楽しむ時間を手にするための力
　②学びを支えてもらう時間を手にするための力
　③自分に代わりに難しい作業をしてもらえる時間を手にするための力

　お金には不得手な分野（お金では買えないもの）がある。①愛情・友情、②充実した人生の基礎となるべき健康、③仕事のもたらす非金銭的報酬（所属の願望、承認の願望、自己実現の願望の成就）など、人生の目的や意義につながる重要なものは、お金で買うことはできない。

解答　正解　D

A．適切。必要なものを買う力は、お金の得意分野である。

B．適切。他人を支援する力は、お金の得意分野である。

C．適切。他人の時間を買う力は、お金の得意分野である。

D．不適切。お金には、充実した人生の基礎となるべき健康や愛情・友情、仕事のもたらす非金銭的報酬（所属の願望、承認の願望、自己実現の願望の成就）などを得る力はない。

4．PB担当者の３つのＣの役割

> **問4**　RM（リレーションシップ・マネジメント）における３つのＣ（カウンセラー・コンサルタント・コーチ）の役割に関する説明について、適切でないものはどれですか。

A．「カウンセラー」として顧客のライフデザインを顧客自身の手で描けるように支援する役割がある。

B．顧客が自分の思いを具体的にイメージできるよう、自分が正しいと思う生き方や価値観を積極的にアドバイスし、顧客を指導する「コーチ」としての役割がある。

C．「コンサルタント」として、顧客のライフデザインが明確になった後、財務シミュレーションを繰り返して、老後資金が持ちこたえられるプランを検討し、顧客に提案する役割がある。

D．「ファイナンシャルコーチ」として、顧客の不安や疑問を常に解消し、長期資産形成の伴走者として、正しい資産運用が継続できるよう顧客を導く役割がある。

解　説

　RM（リレーションシップ・マネジメント）における３つのＣの役割について理解する。顧客の人生の夢を実現するうえでPB担当者が果たすべき３つのＣの役割は、次の通りである。

Counselor（カウンセラー）としての役割
　　顧客のライフデザイン（人生の設計図）を顧客自身の手で描けるよう支援することで、顧客の価値観を明確にするプロセスである。顧客の思いを言語化したり具体的にイメージしたりできるよう支援する。

第1章｜RM（リレーションシップ・マネジメント）

> Consultant（コンサルタント）としての役割
> 　顧客のライフスタイルに基づく財務シミュレーションを行い、次の3つの変数を動かしながら、老後資金が枯渇しないようなプランの検討を支援する。
> ①退職時期の延長
> ②ライフスタイル・コストの見直し
> ③アセットアロケーションの抜本的見直し、具体的な商品提案の実行
>
> Coach（コーチ）としての役割
> 　Financial Coach（ファイナンシャルコーチ）として、顧客の長期の資産形成における伴走者として、市場のリスクに翻弄されないように支援し、正しい長期運用が継続できるよう導く。

解答　正解　B

A．適切。PB担当者は、顧客のライフデザインを顧客自身の手で描けるように支援する「カウンセラー」としての役割がある。

B．不適切。PB担当者が、顧客が自分の思いを具体的にイメージできるよう支援するのは、顧客の価値観を明確にするプロセスである。したがって、自分の価値観に基づいて指導するのではなく、顧客の話を傾聴し、顧客の思いを言語化するのを支援することが求められる。これは「コーチ」ではなく「カウンセラー」の役割である。

C．適切。PB担当者は、顧客のライフデザインが明確になった後に、財務シミュレーションを繰り返して、老後資金が持ちこたえられるプランを検討する「コンサルタント」としての役割がある。

D．適切。PB担当者は、長期資産形成の伴走者として、顧客が不安を乗り越え、本来の正しい資産運用が継続できるように、「ファイナンシャルコーチ」として、顧客を導く役割がある。

9

5. 顧客の懸念事項

> **問5**　顧客を知るプロセスにおいて、顧客の懸念事項を確認することが重要であるが、顧客の課題を聴くうえでの注意点に関する説明について、正しくないものはどれですか。

A. 顧客本人の懸念事項を確認することから始め、次いで近親者の抱える問題を確認するアプローチが望ましい。

B. 近親者に病気等による支援が必要なため、顧客本人の活動に制約が生じる場合には、近親者の平均余命年数以上の生活費を賄える準備がされているかを確認する必要がある。

C. 家族内の人間関係に関する懸念は、緊急性が低いため問題を必要以上に潜伏させてしまうリスクが高い。したがって、対立感情の背景となる利害関係を探りながら解決への糸口を見つけることも必要である。

D. 顧客の余裕資金の運用目的を正確に把握することが重要な確認事項であるので、顧客の事業の損益に構造的悪化要因がないか確認する必要がある。

解　説

　顧客の懸念事項を確認するうえでの注意点について理解する。

　顧客が懸念している事項を聴くためには、顧客との共感形成が必要となるので、近親者の抱える課題を聴くことから始め、徐々に本人の懸念を聴き出すようなアプローチが望ましい。顧客の懸念事項として、確認すべき主な項目は、次の通りである。

項　目	内　容
健康に関する課題	病気等に対する支援が必要な近親者の状態が改善しない場合には、その者の平均余命年数以上の生活費を賄える準備がなされているかを確認する必要がある。 近親者の健康上の課題を共有したのちに、顧客本人の健康上の課題を聴く機会を設けることが大切である。
家族の課題	人間関係に関する懸念は、本音が把握しにくいだけでなく、重要ではあるが緊急性が低いため、問題を必要以上に潜伏させるリスクがある。この結果、一族の永続的な不和の原因となる場合もある。なお、一族に不和が見受けられる場合には、背景となる利害関係の対立原因を確認することで、課題解決への糸口を見つけることが可能な場合もある。
財産上の課題	顧客の余裕資金の運用目的を正確に把握することが重要な確認事項であるので、顧客の事業の損益に構造的悪化要因がないかどうかを確認する必要がある。問題があれば、経常資金収支の赤字部門を黒字分門から分離するなどの可能性を探り、必要に応じて事業の改善提案を行うことも検討する。

解答　正解　A

A．不適切。顧客本人の懸念事項を開示することには消極的な場合が多いため、まず近親者の抱える課題を聴いて真摯に共有し、徐々に本人の懸念を聴き出すようなアプローチが望ましい。

B．適切。近親者に病気等による支援が必要なため、顧客本人の活動に制約が生じる場合には、近親者の平均余命年数以上の生活費を賄える準備がされているかを確認する必要がある。

C．適切。人間関係に関する懸念は、重要ではあるものの緊急性が低いため問題を必要以上に潜伏させてしまうリスクが高い。このため、対立感情の背景となる利害関係の対立原因を確認することで、問題解決への糸口を見つけることも必要である。

D．適切。顧客の余裕資金の運用目的を正確に把握することは、重要な確認事項であるので、顧客の事業の損益に構造的悪化要因がないか確認する必要がある。

6．受動的資産と能動的資産

> **問6　受動的資産と能動的資産に関する説明について、正しいものはどれですか。**

A．受動的資産とは、事業などのように本人がその資産を運用するための意思と能力を必要とする資産をいう。

B．能動的資産とは、有価証券運用などのように報酬を支払い、自分よりも専門知識と経験も豊富で優秀な外部プロフェッショナルに運用を任せることのできる資産をいう。

C．能動的資産は、運用状況を確認し改善の余地を探りながら、現状の運用者が適任でない場合には、他の運用者に置き換える提案も必要となる。

D．受動資産および能動的資産は、いずれも少なくとも半年に1度、定期的な資産の運用状況の把握と必要に応じた見直しが必要となる。

> **解　説**

受動的資産と能動的資産について理解する。

富裕層一族の資産の把握にあたっては、資産を受動的資産と能動的資産に区分して運用状況を分析し、いずれの資産についても、少なくとも半年に1度、一族の主要メンバーによる定期的な資産の運用状況の把握と必要に応じた見直しが必要となる。受動的資産と能動的資産の内容は、次の通りである。

第1章｜RM（リレーションシップ・マネジメント）

区　分	内　容
受動的資産	不動産の有効活用や有価証券運用のように、報酬を支払い、自分よりも専門知識と経験も豊富で能力の優れた外部プロフェッショナルに運用を任せることのできる資産をいう。 受動的資産は、運用状況を確認し改善の余地を探りながら、現状の運用者が適任でない場合には、他の運用者に置き換える提案も必要となる。
能動的資産	大規模な不動産開発、事業や医療機関経営などのように、本人がその資産を運用するための意思と能力を必要とする資産をいう。 能動的資産は、運用を他人に任せることができないため、一族としてその事業の永続性を求める場合には、資産を運用する意思と能力を有する後継者の存在が必要となる。

解答　正解　D

A．不適切。受動的資産とは、不動産の有効活用や有価証券運用などのように自分よりも専門知識と経験も豊富で優秀な外部プロフェッショナルに報酬を支払い、運用を任せることのできる資産をいう。

B．不適切。能動的資産とは、事業や医療機関経営などのように本人がその資産を運用するための意思と能力を必要とする資産をいう。

C．不適切。運用状況を確認し改善の余地を探りながら、現状の運用者が適任でない場合には、他の運用者に置き換える提案も必要となる資産は、受動的資産である。

D．適切。受動資産および能動的資産は、いずれも少なくとも半年に1度、定期的な資産の運用状況の把握と必要に応じた見直しが必要であり、有価証券運用においては、市場の変動に応じて回数を増やして見直すことも必要である。

13

7. 経営者の勇退パターン

問7 経営者が勇退を検討する場合の勇退パターンとして、正しくないものはどれですか。

A. 事業承継
B. MBO
C. 会社の上場
D. 会社清算

第1章｜RM（リレーションシップ・マネジメント）

解　説

経営者が勇退を検討する場合の3つの勇退パターンについて理解する。

経営者の3つの勇退パターンは「事業承継」「一族外への事業売却」「会社清算」があり、その内容は、次の通りである。

勇退パターン	内　容
事業承継	親族を後継者として事業承継を行う方法であり、親族が自社株を承継し、事業承継後の経営を担う方法である。
事業売却	事業を親族以外の第三者に売却する方法や、社内役員・従業員へ自社株を売却する方法（MBO）である。
会社清算	経営者が長年築いてきたのれん代が回収できず、機会損失も大きい場合などに、個人の資産までを失うリスクを未然に防ぐための方法である。

解答　正解　C

A．適切。事業承継は経営者の勇退パターンである。

B．適切。MBOは経営者合の勇退パターンである。

C．不適切。会社の上場は、経営者が勇退を検討する場合の勇退パターンではない。

D．適切。会社清算は経営者の勇退パターンである。

15

8. 経営者の勇退パターンごとの課題

> **問8**　経営者が勇退を検討する場合、勇退パターンごとに選択肢が考えられるが、その際の課題に関する説明について、正しくないものはどれですか。

A. 事業承継できる意思と能力のある者が一族内にいない場合には、経営と所有を分離し、企業価値を向上させるガバナンスコントロールシステムを確立することが重要である。

B. 同族系企業の経営と所有の分離は、株主と経営陣のエージェンシー関係において、その利益が一致しているため、比較的簡単に実行できるメリットがある。

C. 一族外の社内役員へ事業売却する場合には、株式の買収資金が十分に確保できない場合もあるため、プライベート・エクイティ・ファンドによる支援の活用も検討する。

D. 会社清算の場合は、会社の純資産が十分にある段階で決断することも重要であり、従業員への退職金支給はもとより、会社債務の連帯保証人となっているオーナー個人のリスクを未然に防ぐメリットもある。

解　説

　経営者の勇退パターンのごとの課題について理解する。

　経営者の勇退パターンには「事業承継」「一族外への事業売却」「会社清算」があるが、それぞれの課題は、次の通りである。

第1章｜RM（リレーションシップ・マネジメント）

勇退の選択肢	課　題
事業承継	一族内に事業承継できる意思と能力のある者がいない場合には、経営と所有を分離し、より積極的な取締役会を運営し、企業価値を向上させるガバナンスコントロールシステムを確立することが重要となる。 同族系企業の場合には、株主と経営陣との間のエージェンシー問題（経営陣は自己の利益を重視し、株主の利益とは必ずしも一致しない）や大口株主と少数株主の利益調整なども必要となるので、経営と所有の分離は、必ずしも容易ではない。
事業売却	一族外の社内役員へ事業売却する場合には、その社内役員のみでは株式の買収資金が十分に確保できない場合もあるため、プライベート・エクイティ・ファンドによる支援の活用も検討する。
会社清算	会社清算の場合には、そのタイミングも重要であり、会社の純資産が十分にある段階であれば、従業員への上乗せ退職金を支給することができ、会社債務の連帯保証人となっているオーナー個人のリスクを未然に防ぐことも可能となる。

解答　正解　B

A．適切。一族内に事業承継できる意思と能力のある者がいない場合、経営と所有を分離して、企業価値を向上させるガバナンスコントロールシステムを確立できるかがカギとなる。

B．不適切。株主と経営陣のエージェンシー関係において、その利益は必ずしも一致せず、大口株主と少数株主の利益調整なども必要となり、同族系企業の経営と所有の分離は、必ずしも容易ではない。

C．適切。一族外の社内役員へ事業売却する場合、株式の買収資金を十分に確保できない場合もあるため、プライベート・エクイティ・ファンドによる支援の活用も検討する。

D．適切。会社清算の場合は、そのタイミングも重要であり、会社の純資産が十分にある段階であれば、従業員への退職金支給が可能となる、会社債務の連帯保証人となっているオーナー個人のリスクを未然に防ぐこともできる。

9. 生涯顧客化戦略

> **問9** 生涯顧客化戦略に関する説明について、適切でないものはどれですか。

A. PB業務では、顧客のLTV（Life Time Value ＝ 生涯価値）を極大化することが戦略目標である。

B. 顧客のLTVを向上させるには、顧客の保有する金融資産の大きさだけではなく、顧客維持、顧客紹介、クロスセルとアップセルの3つの点からも検証する必要がある。

C. 既存顧客の維持度を高めるためには、取引により顧客にインセンティブが与えられるような仕組みが必要となる。

D. 顧客がもたらすLTVに最も直接的に影響を与えるのは、顧客紹介であるため、顧客イベントを催す際には、顧客の友人を招く招待枠を提供し、顧客満足を高める工夫も必要である。

解　説

　顧客のLTV（Life Time Value ＝ 生涯価値）を極大化する方法を理解する。

　顧客が金融機関にもたらす生涯にわたるキャッシュフローの現在価値を、LTV（Life Time Value ＝ 生涯価値）として定義し、それを極大化することがPB業務では戦略目標となる。顧客のLTVを向上させるには、顧客の保有する金融資産の大きさだけではなく、「顧客維持」「顧客紹介」「クロスセルとアップセル」の3つの点からもLTVの向上に寄与する取引がなされているかを検証する必要があり、その内容は次の通りである。

第1章 | RM（リレーションシップ・マネジメント）

	内　容
顧客維持	顧客の維持度（Retention Rate）をいかに高めるかということであり、取引が長く継続することで、顧客とPB担当者双方にインセンティブが与えられる取引や報酬の設計が必要となる。
顧客紹介	既存顧客による顧客紹介が最も確実で優良な新規顧客獲得の手段といえるため、顧客向けのイベントを催す際には、顧客の友人を招く招待枠を提供し、顧客満足を高める工夫も必要である。
クロスセルアップセル	顧客がもたらすLTVに最も直接的に影響を与えるのは、クロスセルとアップセルである。クロスセルは、預金や有価証券運用というPBのコア業務に加えて、相続税対策の一環として生命保険などの関連金融商品を販売することをいう。一方、顧客は比較的満足度の高い金融機関への信頼を高めると、他の金融機関から資金を集中させて取引額を増加させる傾向にあり、それをアップセルという。

解答　正解　D

A．適切。顧客が金融機関にもたらす生涯にわたるキャッシュフローの現在価値を、LTVとして定義し、それを極大化することがPB業務の戦略目標である。

B．適切。顧客のLTVを向上させるには、顧客の保有する金融資産の大きさだけではなく、顧客維持、顧客紹介、クロスセルとアップセルの3つの点からもLTV向上に寄与する取引がなされているかを検証する必要がある。

C．適切。既存顧客の維持度を高めるためには、取引が長く継続することで、顧客に対するインセンティブが与えられるような仕組みが必要となる。

D．不適切。顧客がもたらすLTVに最も直接的に影響を与えるのは「クロスセルとアップセル」といえる。なお、顧客紹介もLTVの向上に寄与するため、顧客イベントを催す際には、顧客の友人を招く招待枠を提供し、顧客満足を高める工夫も必要である。

10. 顧客を獲得するための方法

> **問10**　顧客を獲得するための方法に関する説明について、正しくないものはどれですか。

A．非富裕層から富裕層を紹介してもらえる可能性はほとんどないため、既存顧客からの紹介が新規顧客獲得の確実な手法である。

B．富裕層は、サービスを売り込もうとする者に対して強い懐疑心を持っているため、売り込みより顧客を引き寄せることが重要となるため、マスメディアを利用したメディア戦略が効果的である。

C．特定の富裕層セグメントで認知を得る方法として、その人達に好んで読まれている雑誌に連載記事を寄稿することで、専門家からのお墨付きを得ることも有効な方法である。

D．自分の得意分野が生かせる富裕層セグメントを見つけたり、紹介してもらった人の勉強会に積極的に参加したり、講師として招いてくれるインサイダーを見つけることも有効な手段である。

解　説

　顧客を獲得するための方法について理解する。

　富裕層以外から富裕層を紹介してもらえる可能性はほとんどないため、既存顧客による顧客紹介が最も確実で優良な新規顧客獲得の手法といえる。また、自分の得意分野を強化し周知させることも、顧客を獲得する方法として有効である。顧客獲得をするための有効な方法は次の通りである。

（1）ノウハウをドキュメント（文章）化する
　　過去の実績をドキュメント化することで、自分のノウハウを精緻化し、チームのメンバーに教え、知恵を共有してもらうことで、自分の得意な分野を強化し周知させることができる。

第1章 | RM（リレーションシップ・マネジメント）

(2) メディアへの効果的な露出を演出する
　富裕層は、商品やサービスを売り込もうとする者に対して、厳しい選別眼と強い懐疑心を持っているため、売り込みより顧客を引き付けることが重要となる。富裕層市場でのメディア露出を検討する場合には、特定の顧客セグメントに絞り込んだ媒体に、自分のノウハウを提供して顧客開拓することが効果的である。

(3) 専門家からのお墨付きを得る
　特定の富裕層セグメントで認知を得る方法として、その人達に好んで読まれている雑誌に連載記事を寄稿することで、その富裕層セグメントの定期的な勉強会に講師として招かれるようにアピールすることも有効である。専門家である大手出版社の認知を得ることで、良いサービスの提供者として顧客に選んでもらえるようになる。また、自分の得意分野が生かせる富裕層セグメントを見つけたり、講師として招いてくれるインサイダーを見つけることも有効な手段である。

解答　正解　B

A. 適切。富裕層以外から富裕層を紹介してもらえる可能性はほとんどないため、既存顧客による顧客紹介が最も確実で優良な新規顧客獲得の手法といえる。

B. 不適切。富裕層は、サービスを売り込もうとする者に対して強い懐疑心を持っているため、売り込みより顧客を引き寄せることが重要となる。富裕層市場でのメディア露出は、特定の顧客セグメントに絞り込んだ媒体へ自分のノウハウを提供することが効果的である。

C. 適切。特定の富裕層セグメントで認知を得るため、その人達に好んで読まれている雑誌に連載記事を寄稿することで、専門家である出版社から認知を得ることも有効な方法である。

D. 適切。自分の得意分野が生かせる富裕層セグメントを見つけ、その人達の勉強会に講師として招いてくれる特定セグメントのインサイダーを見つけることも有効な手段である。

21

11. Raving fanを作るためのアプローチ

問11 PB業務において、「Raving fan（圧倒的なファン）」になってもらうためのアプローチ方法に関する説明について、正しいものはどれですか。

A. 紹介を受ける人物に対する先入観を持たないよう、思考や行動特性についての事前調査はできるだけ控えるべきである。

B. 相手が課題としていることに対して、共感を持って傾聴することが重要である。

C. 相手から直接依頼された案件についての情報提供が重要であるため、その周辺の課題については相手から依頼があってから情報提供すべきである。

D. きめ細かな情報提供を、Give & Takeの精神で提供し続けることが重要である。

解　説

　Raving fan（圧倒的なファン）を作るためのアプローチ方法について理解する。

　Raving fan（圧倒的なファン）を作るには、顧客に好きになってもらうことが必要である。そのためには、顧客が大切にしている価値観などを知り、顧客の人生の目標を実現するために献身的な努力を尽くすことが有効といえる。アプローチの際に心掛けるべき事項は、次の通りである。

(1)	紹介を受ける人物の思考・行動特性や、コミュニケーションするうえで注意すべき点を、紹介者から十分に聞いておくこと
(2)	共感を持って相手の課題を傾聴すること
(3)	相手から直接依頼された案件だけではなく、その周辺の課題についても情報提供するように心掛けること
(4)	きめ細かな情報提供を、短期的には見返りを一切期待せずに愚直に与え続ける、Give&Give（献身的な努力）の精神で提供し続けること

　PB顧客の多くは、既に人生の後半に入っており、残りの人生を考慮して「誰と時間を過ごすか」を基準に付き合う人を選択しているため、このような心掛けで接することが重要となる。

解答　正解　B

A．不適切。紹介を受ける人物の思考・行動特性や、コミュニケーションするうえで注意すべき点などを、紹介者から十分に聞いておくべきである。

B．適切。相手が課題としていることに対しては、反論せずに共感を持って傾聴することが重要である。

C．不適切。相手から直接依頼された案件だけではなく、その周辺の課題についても情報提供するように心掛けるべきである。

D．不適切。きめ細かな情報提供を、短期的な見返りは一切期待せずに、Give & Giveの精神で提供し続けることが重要である。

12. 社外ネットワーク活用の注意点

> **問12** PB業務において、社外のネットワークを活用する場合の合理的なルールなどに関する説明について、適切でないものはどれですか。

A. 顧客にもたらす付加価値を極大化するためには、戦略的な提携関係にある外部プロフェッショナルの支援を仰ぐことが不可欠である。

B. パートナーである外部プロフェッショナルを顧客に紹介する場合に、双方の合意があれば初回は無報酬で面談の際に同席してもらっても問題ない。

C. 顧客を紹介するのだから、地方出張の場合には、交通費はパートナーである外部プロフェッショナルに負担してもらうようにしても問題ない。

D. 顧客が躊躇することなく、外部プロフェッショナルを交えて課題の検討へ話を進めることができるよう、報酬規定など事前に合意した合理的なルールが必要である。

第1章｜RM(リレーションシップ・マネジメント)

解　説

社外ネットワークを活用する際の注意点について理解する。

> 　自らの活動時間の範囲内で、顧客にもたらす付加価値を極大化するためには、戦略的な提携関係にあるプロフェッショナルネットワークの支援を仰ぐことが不可欠である。その場合には合理的なルールに基づく機動的な支援の仕組みが重要となる。外部プロフェッショナルを顧客に紹介する場合、スケジュール調整にも配慮し、初回であれば無報酬で面談の際に同席してもらうようにしたり、地方への出張については、顧客に交通費などの実費を負担してもらうことを同行の条件とするなど、事前に合意した合理的なルールがあれば、顧客が躊躇することなく、外部プロフェッショナルを交えて課題の検討へ話を進めることができる。

解答　正解　C

A．適切。自らの活動時間で顧客にもたらす付加価値を極大化するためには、戦略的な提携関係にある外部プロフェッショナルの支援を仰ぐことが不可欠である。

B．適切。顧客へ外部プロフェッショナルを紹介する場合、初回については、双方の合意があれば、無報酬で面談に同席してもらっても問題ない。

C．不適切。地方出張の場合には、顧客による交通費等実費負担を条件にパートナーである外部プロフェッショナルに同行してもらうようにしてもよい。

D．適切。報酬規定など双方で事前に合意した合理的なルールがあることで、顧客が躊躇することなく、外部プロフェッショナルを交えて課題の検討へ話を進めることができる。

25

13. PBが生涯現役キャリアの目標になる理由

> **問13** プライベートバンカーが生涯現役キャリアの目標になる
> 理由に関する説明について、正しくないものはどれですか。

A．顧客である富裕層は人生の成功者であり、生き方や考え方など学ぶべき多くのものを提供してくれるため、働きながら一流の人達と得難い時間を過ごすことができる。

B．プライベートバンカーの分野は、投資対象が金融資産に限定されるため、金融マンとして習得した知識により、常に新しいことを学ばなくても、生涯現役を続けることができる。

C．PB業務の運用では、顧客の純資産の極大化が大きな目標の1つであるため、プライベートバンカーの報酬は、顧客の目標と合致しているので、利益相反が生じないといえる。

D．プライベートバンカーは、50歳を過ぎてからの方が、その知恵や人脈により顧客への価値が高まる場合が多く、60歳を過ぎても、顧客の預かり資産に対する安定的なフィーを期待できる。

> **解　説**

　プライベートバンカーが生涯現役キャリアの目標になる理由について理解する。金融に携わるプロフェッショナルが生涯現役のキャリアを目指す対象として、プライベートバンカーは、理想的な職種の1つであるといえるが、その理由は、次の通りである。

---

(1)　一流の顧客と過ごす時間がもたらす価値

富裕層は人生の成功者であり、生き方や考え方、趣味や人脈など、学ぶべき多くのものを提供してくれる。このため、プライベートバンカーは、働きながら一流の人達と得難い時間を過ごすことが可能である。

第1章｜RM（リレーションシップ・マネジメント）

（2）究極のノウハウが求められる世界

　プライベートバンカーの分野は、投資対象が金融資産や土地、その他の実物資産と広範囲にわたるうえ、常に税を意識しなければならない。学ぶべきことも多く、生涯現役で挑戦するに値する究極のキャリアといえる。

（3）業務の収益特性と魅力ある報酬体系の可能性

　PB業務の運用では、顧客の純資産の極大化が大きな目標の1つであるため、プライベートバンカーの報酬は、顧客の目標と合致しているので、利益相反が生じない。また、プライベートバンカーは、50歳を過ぎてからの方が、その知恵や人脈により顧客への価値が高まる場合が多く、60歳を過ぎても、顧客の預かり資産に対する安定的なフィーを期待できる。

解答　正解　B

A．適切。富裕層は人生の成功者であり、その生き方や考え方など学ぶべき多くのものを提供してくれるため、プライベートバンカーは、働きながら一流の人達と得難い時間を過ごすことができる。

B．不適切。プライベートバンカーの分野は、投資対象が広範囲にわたるうえ、学ぶべきことも多く、常に新しいことを学ぶプロフェッショナルにとっては、生涯現役で挑戦するに値するキャリアといえる。

C．適切。PB業務の運用では、顧客の純資産の極大化が大きな目標の1つであるため、プライベートバンカーの報酬は、顧客の目標と合致しているので、利益相反が生じないといえる。

D．適切。プライベートバンカーは、50歳を過ぎてからの方が、その知恵や人脈により顧客への価値が高まる可能性が高く、60歳を過ぎても、顧客の預かり資産に対する安定的なフィーを期待できる。

14. キャリアアンカー

問14　キャリアアンカーに関する説明について、正しくないものはどれですか。

A. キャリアアンカーは、自らのキャリアをどのように創造するかを選択する際に、欠くことのできない重要な判断のコアイメージをいい、全般管理能力志向や専門能力志向などがある。

B. 自己のキャリアアンカーを見極めることは、職業選択を行ううえでは大変重要であるため、十分に検討する必要がある。

C. 従業員のキャリアアンカーを見極めることは、企業内での研修体系の構築や人事配置を行うなど、様々な局面において活用できる。

D. キャリアアンカーは、一度形成されても1年から2年程度の研修およびトレーニングを行うことで、専門能力志向から全般管理能力志向へ変化させることも可能である。

解　説

　キャリアアンカーについて理解する。

　キャリアアンカーとは、自らのキャリアをどのように自立的に創造するかを選択する際に、欠くことのできない重要な判断のコアイメージをいい、キャリアアンカーを見極めることは、職業選択を行ううえで重要である。また企業にとっては、従業員のキャリアアンカーを見極めることは、研修体系の構築や人事異動や配置を行うなど、様々な局面で活用できる。キャリアアンカーの分類は、次の通りである。

キャリアアンカー	内　容
全般管理能力志向	全般的な経営管理が好きかつ得意で価値のあることと考え、経営者を目指す。
専門能力志向	特定の専門分野の仕事で高い能力を発揮し、専門家として認められることに強い動機を感じる。

第1章 | RM（リレーションシップ・マネジメント）

キャリアアンカー	内　　容
保障・安定志向	仕事のやり甲斐よりも、雇用主による経済的な保障を重要視する。
自立・独立志向	人から指示されることを嫌い、自己のやり方で自律的に仕事を進めることが好きかつ得意で価値があると考える。
起業家的創造性志向	新規事業を創造したり、大企業の中で新規事業に情熱を燃やして活躍する。
奉仕・社会貢献志向	教育、医療、社会福祉やボランティア分野など、自らの力で社会に貢献することに、強い価値観と願望を抱いている。
純粋な挑戦志向	冒険家などに代表されるように、不可能といわれる困難な課題を求めてやまない。
ワーク・ライフ・バランス志向	個人的な欲求と家族と仕事の適切なバランスを求める。

解答　正解　D

A．適切。キャリアアンカーは、自らのキャリアをどのように自立的に創造するかを選択する際に、欠くことのできない重要な判断のコアイメージをいい、全般管理能力志向や、専門能力志向などがある。

B．適切。職業選択を行ううえで、自己のキャリアアンカーを見極めることは、大変重要なことであるため、十分に検討し、慎重な判断が求められる。

C．適切。従業員のキャリアアンカーを見極めることは、企業内での研修体系の構築や人事異動や配置など、様々な局面において活用できる。

D．不適切。キャリアアンカーは、その人の生涯にわたり重要な意思決定を行ううえで、影響が生じる志向を示すもので、一度形成されると短期間の研修などで容易に変更することは難しいとされる。

15. RMに求められる顧客姿勢

> **問15** プライベートバンカーとして、リレーションシップ・マネジメントに求められる顧客姿勢に関する説明について、正しいものはどれですか。

A. 複数の領域にまたがる専門分野を持つよりも、自分の得意な1つの専門分野に対する深みを追求することが重要である。

B. 顧客の表面的な問題の背後にある本質的な課題を見いだし、顧客がそれに気付くように働きかけを行う。

C. 顧客の課題に対しては、自分の専門領域の手段に限定して解決策を提供するようにする。

D. 顧客の課題に対しては、専門知識に基づいた分析的アプローチを目標とする。

解　説

リレーションシップ・マネジメントに求められる顧客姿勢について理解する。

リレーションシップ・マネジメントに求められる顧客姿勢は、顧客利益を常に優先し、自らの持つすべてのコンタクトを尽くして、顧客の包括的なニーズにできる限り応えようとする営業姿勢を徹底することである。また、目指すのは単なる専門家ではなく、信頼されるアドバイザーになることであり、両者の相違点は、次の通りである。

第1章｜RM（リレーションシップ・マネジメント）

信頼されるアドバイザー （Trusted Advisor）	専門家 （Expert）
専門領域での深みに加えて幅も重要となるため、複数の領域にまたがる専門分野を持つことも重要	専門領域での深み
顧客が抱える問題に耳を傾ける	自分の専門分野の知識を説明する
顧客が表面的にしか見ていない問題の背後にある真の課題を見出し、顧客がそれに気付くように適切な質問をする	顧客の目に見えている問題について自分の専門領域に手段を限定して解決策を提供する
顧客や顧客のスタッフ、もしくは家族状況まで視野に入れ、共同して問題解決にあたる	自分の専門領域の手段に限定して顧客の問題解決にあたる
専門知識を前提に自らの経験を踏まえ直感に根差した洞察を提供	サービスは、専門知識の提供に限定
分析された結果を統合して、顧客の課題に応える総合的アプローチが目標	専門知識に基づく分析的アプローチが目標

解答　正解　B

A．不適切。自分の得意な専門分野に対する深みに加えて幅も大切となるため、複数の領域にまたがる専門分野を持つことが重要である。

B．適切。顧客が表面的にしか見ていない問題の背後にある本質的な課題を見いだし、顧客自身がそれに気付よう、適切な質問をするなどの働きかけを行う。

C．不適切。顧客の課題に対しては、自分の専門領域の手段に限定して状況をコントロールするのではなく、顧客や顧客のスタッフ、もしくは家族状況まで視野に入れ、共同して解決にあたる。

D．不適切。専門知識に基づく分析はあくまでも手段であり、分析された結果を統合して、顧客の課題に応える総合的アプローチを目標とする。

16. RMに求められる客観的要素

> **問16** プライベートバンカーとして、リレーションシップ・マネジメントに求められる客観的要素に関する説明について、正しくないものはどれですか。

A. PB担当者には、豊富な知識に基づいた知恵の提供や顧客との共感形成能力が求められるため、年齢基準はない。

B. 富裕層の国際的活動範囲の広がりが予想されるため、国内外の税務や法務に関する基礎知識が求められる。

C. PB担当者は、ファイナンシャルコーチとしての役割が求められるため、わがままに見える顧客の行動に対しては、柔軟性と忍耐力を持って接することが求められる。

D. オーナーのゲートキーパーに対して、直接プロジェクトの正当性を説得することのできる、高度なコーディネーション能力が求められる。

解　説

　プライベートバンカーとして、リレーションシップ・マネジメントに求められる客観的要素について理解する。リレーションシップ・マネジメントに求められる主な客観的要素は、次の通りである。

(1)　年齢基準 　PB担当者は、単なる知識だけではなく、失敗を含む多くの経験に裏打ちされた知恵の提供や顧客との共感形成能力が求められるため、一定年齢以上であることが望ましい。
(2)　知識・ノウハウ基準 　①豊富な金融関連知識と幅広い金融商品の取引経験 　②不動産取引に関する知識 　③国内外の税務・法務の基礎知識

第1章｜RM（リレーションシップ・マネジメント）

(3)　高いコミュニケーション能力 　　共感能力の高いコミュニケーション能力が求められると同時に、カウンセリングでの傾聴により、深く顧客の声を聴く能力も求められる。
(4)　柔軟性と忍耐力 　　顧客は、現在の社会的地位から落ちないかという潜在的恐怖心があり、また資産を目当てに利用されないかと疑心暗鬼になっており、わがままな印象を与えることがある。 　　PB担当者には、ファイナンシャルコーチやエグゼクティブコーチとしての役割が求められており、わがままに見える顧客に対しても、柔軟性と忍耐力を持って接することが求められる。
(5)　高い職業倫理観 　　PB担当者は、「顧客を守る」という究極の目的に奉仕するために活動するという、高い職業倫理観が求められ、この目的実現の手段として、「個人情報の守秘義務」と「最善な取引執行とサービスの提供」がある。
(6)　高度なコーディネーション能力 　　顧客の求めるソリューションを実行するために、オーナーのゲートキーパーに対して、プロジェクトの正当性を説得できる、高度なコーディネーション能力が求められる。

解答　正解　A

A．不適切。PB担当者には、単なる知識だけではなく、多くの経験に裏打ちされた知恵の提供や顧客との共感形成能力が求められるため、一定年齢以上であることが望ましい。

B．適切。富裕層の国際的活動範囲の広がりが予想されるため、国内外の税務や法務に関する基礎知識が求められる。

C．適切。PB担当者は、ファイナンシャルコーチとしての役割が求められ、わがままに見える顧客の行動に対しても、柔軟性と忍耐力を持って接することが求められる。

D．適切。オーナーのゲートキーパーにプロジェクトの正当性を説得する必要があり、綿密な計画と機敏な行動力、説得力のある話術といった、高度なコーディネーション能力が求められる。

17. 人間力の構成要素

> **問17** プライベートバンカーに求められる能力は、人間力を構成する諸要素と一致するものでもあるが、人間力の構成要素として、正しくないものはどれですか。

A．EQ（Emotional Quotient,感情知能）
B．キャリア
C．インテグリティ（誠実さ）
D．ソーシャルキャピタル

解　説

　プライベートバンカーに求められる能力と一致する、人間力を構成する諸要素について理解する。人間力を構成する諸要素は、次の通りである。

第1章｜RM（リレーションシップ・マネジメント）

・達成動機
どのような困難な環境にあっても、自分を動機付け、自らを高めてチャンスを作り、力を発揮する。

・EQ（Emotional Quotient,感情知能）
相手の立場に立った理解ができ、それに対して自分の意見を率直に述べ、相手との関係性を構築したうえで、課題を解決する。

・オープンマインドネス
異なる状況にも柔軟に対応でき、多様な考え方を受け入れ、自己を変革することもやぶさかではないという姿勢をとる。

・インテグリティ（誠実さ）
自分の価値観を持ち、自分が正しいと考えることを追求することができ、必要なら自己の価値観の修正・ストレッチができる。

・ソーシャルキャピタル（社会的資本）
人間的な幅を持ち、自己効力感（セルフエフィカシィ、自己に対する有能感・信頼感）があり、相手の自己効力感を高め、相手に価値ある存在と認識させ、信頼を得る。

解答　正解　B

A. 適切。EQ（Emotional Quotient,感情知能）は人間力の構成要素である。

B. 不適切。「キャリア」とは、一般的には「人の一生を通じての仕事」という意味で用いられており、人間力の構成要素には当たらない。

C. 適切。インテグリティ（誠実さ）は人間力の構成要素である。

D. 適切。ソーシャルキャピタル（社会的資本）は、人間力の構成要素である。

18. 顧客との効果的な関係の構築

> **問18** 顧客との友好な関係を構築し、顧客が顧客を生むプロセスを手に入れることが、プライベートバンキング業務の成功には欠かせないが、顧客との効果的な関係の構築とそのプロセスの管理に関する説明について、正しくないものはどれですか。

A. 顧客が属している経営者サークルで講演者として価値ある話題を提供できるようであれば、積極的に講師役を買って出ることで、そのサークルが顧客紹介につながるかどうかを判断することができる。

B. 顧客の本業の売上高の向上に具体的に寄与するなど、顧客のコアビジネスを支援することは、顧客の期待感を超えるロイヤリティを高める効果がある。

C. 顧客の子供の就学や就職、結婚の支援など、顧客のコアビジネス以外での、顧客の期待を超える圧倒的なサービスを提供する。

D. 顧客が特定のクラブ組織やメンバーシップの会員である場合、入会して人脈を広げるとともに、新会員となったときからすぐに、積極的に営業開拓に活用する。

解　説

　顧客との効果的な関係の構築とそのプロセスの管理について理解する。
有力顧客を獲得する主な方法は、次の通りである。

---

(1)　有力顧客を顧客紹介の支援者にする
　有力顧客のうち顧客紹介の支援者とする人は、次の2つの基準により選択する。
　①主観的選択基準：自分とパーソナリティや価値観が一致している
　②客観的基準：顧客が持っている人脈が顧客紹介の源泉になり得る

第1章｜RM（リレーションシップ・マネジメント）

(2) 顧客から紹介を引き出す
　①顧客のコアビジネスの支援（売上高向上への寄与、コスト削減の提案、幹部人材の紹介）
　②顧客紹介の依頼
　③コアビジネス以外での顧客の期待を超える圧倒的なサービスの提供（子供の就学、就職や結婚、会員制クラブの会員権取得、社長のスピーチ作成）

(3) 会員制組織とネットワークを活用する
　①目標とする顧客がメンバーである会員組織への入会（格式ある社交クラブ、高級スポーツクラブや名門ゴルフクラブ）
　②効果的なメンバーシップの利用
　　新会員として、入会当初は、事務的な仕事やボランティアの仕事を引き受ける等の貢献が有効である。会員活動を通じて、気の合うメンバーが見つかれば、徐々に営業の対象とする。相手から求められない限り、新会員となったときから営業を掛けることは慎む。

解答　正解　D

A．適切。顧客が属している経営者サークルで講演者として価値ある話題を提供できるようであれば、積極的に講師役を買って出ることで、そのサークルが顧客紹介につながるかどうかを判断することができる。

B．適切。顧客の本業の売上高の向上に具体的に寄与するなど、コアビジネスで意味ある支援をすることは、顧客にとって望外の喜びとなり、顧客紹介へとつながる可能性がある。

C．適切。顧客の子供の就学や就職、結婚の支援など、顧客のコアビジネス以外で、顧客の期待を超える圧倒的なサービスを提供することは、顧客紹介へとつながる可能性がある。

D．不適切。顧客が特定のクラブ組織やメンバーシップの会員となる場合、入会当初は、既存メンバーからの信用を得るためボランティアの仕事を引き受ける等の貢献が有効である。新会員となったときからすぐに営業を掛けることは慎むべきである。

19. 顧客の意思決定を阻害する心のハードル

> **問19** 顧客の意思決定を阻害する４つの心のハードルに関する記述について、適切でないものはどれですか。

A. 「不信」のハードルは、売り手を信用できないという、買い手の抱く拒絶反応であるが、大手金融機関に属していれば、そのブランドを使うことで比較的簡単に越えることができるハードルである。

B. 「不要」のハードルは、売り手の指摘する課題を持っていないという買い手の拒絶反応であるが、顧客の課題を一つひとつ丁寧に聴き、相互に確認できれば越えることができるハードルである。

C. 「不適」のハードルは、いったんは共有した課題に対する売り手の提示する解決策が買い手にとって適切ではないとする買い手の拒絶反応であるが、このハードルを越えるには、ゲートキーパーや顧問税理士の頭越しに、直接に意思決定者に判断を迫るアプローチが有効である。

D. 「不急」のハードルは、PB担当者から指摘した課題は正しく、課題に対する解決策も最善であると顧客に理解されているものの、まだ時間もあるし、急ぐ必要はないというもので、このハードルを越えるのは一番難しいといえる。

> ### 解　説

　顧客の意思決定を阻害する４つの心のハードルについて理解する。

　PB担当者が良いソリューションを提供しても、顧客が心の壁に阻まれて意思決定をしてくれないと、双方にとって時間の無駄となる。顧客が売り込まれた場合に感じる４つの心のハードルは、次の通りである。

第1章｜RM（リレーションシップ・マネジメント）

---

(1)　不信のハードル
　　売り手を信用できないという、買い手の抱く拒絶反応である。これを越えるためには、顧客からの紹介が有効である。しかし、このハードルは、大手金融機関に勤務していれば、そのブランドを使うことで越えることができる。

(2)　不要のハードル
　　売り手が指摘する課題を持っていないという買い手の拒絶反応である。このハードルは、顧客の課題を一つひとつ丁寧に聴き、相互に確認できれば解決できる。

(3)　不適のハードル
　　いったんは共有した課題に対する売り手の提示する解決策が適切ではないとする買い手の拒絶反応である。これを越えるには、顧客にセカンドオピニオンを取らせたり、社内のゲートキーパーや顧問税理士を説得するのが有効である。

(4)　不急のハードル
　　買い手からPB担当者は信頼され、指摘された課題も正しく、解決策も最善であると理解されているものの、「まだ時間もあるし、急ぐ必要はない」という、買い手の拒絶反応である。この心の壁を越えることが最も難しい課題といえる。

解答　正解　C

A．適切。不信のハードルは、売り手を信用できないという、買い手の抱く拒絶反応である。大手金融機関に属していれば、そのブランドを使うことで比較的簡単に越えることができるハードルである。

B．適切。不要のハードルは、売り手の指摘する課題を持っていないという買い手の拒絶反応であるが、顧客の課題を一つひとつ丁寧に聴き、相互に確認できれば越えることのできるハードルである。

C．不適切。不適のハードルは、いったんは共有した課題に対する売り手の提示する解決策が買い手にとって適切ではないとする買い手の拒絶反応である。このハードルを越えるには、ゲートキーパーや顧問税理士を説得し、提案内容への関係者の合意を取り付けて、最終意思決定者に判断を迫るアプローチが有効である。

D．適切。不急のハードルは、PB担当者から指摘した課題は正しく、課題に対する解決策も最善であると顧客に理解されているが、まだ時間もあるし、急ぐ必要はないという買い手の拒絶反応である。このハードルを越えるのは一番難しいといえる。

20. キャッシュフローの役割と位置付け

> **問20** キャッシュフローの役割と位置付けに関する記述について、正しくないものはどれですか。

A. キャッシュフローには、短期的な支払資金を確保するとともに、中長期的に戦略的な投資資金を確保するという役割がある。

B. キャッシュフローについては、原則として「税引後利益＋減価償却費」の内部資金で、事業関連支出や運転資金の純増額と維持設備投資等を賄う必要がある。

C. キャッシュフローの確保が困難な場合には、本業の事業に使用しているかどうかにかかわらず、含み益のある不動産を優先的に売却して必要なキャッシュフローを捻出する。

D. 銀行からの借入は、短期的な運転資金や設備投資資金に充当することができるが、その場合には、一定の自己資本比率や償還年限（借入金額÷（税引後利益＋減価償却費））の基準を超えないことが求められる。

解　説

　キャッシュフローの役割と位置付けについて理解する。

　キャッシュフローには、短期的な支払資金と中長期的な戦略的投資資金を確保する役割がある。キャッシュフローは、P/Lを源泉とした営業キャッシュフローで確保することが原則であり、「税引後利益＋減価償却費」の内部資金で、事業関連支出や運転資金の純増額と維持設備投資等を賄う必要がある。ただし、十分なキャッシュフローを確保することが困難な場合には、P/Lを補完する形で、B/Sが資金不足を補充する役割を担う。その場合の主な補完方法については、次の通りである。

第1章｜RM（リレーションシップ・マネジメント）

補完方法	内　容
当座資産の見直し	純資産に見合う当座資産（現預金、売却可能な有価証券、グループ外の売掛金など）を事業継続に支障のない範囲で取り崩す。
保険解約	法人税を節税する目的で法人が保険契約者となっている保険契約がある場合には、その保険を解約して、解約返戻金を保険会社より受け取る。ただし、解約返戻金のピーク時に解約することが望ましいため、解約のタイミングが最適であるかどうかを見極める必要がある。
不動産の売却	含み益のある不動産のうち、本業の事業に使用していない不稼動資産がある場合には、売却する。
銀行借入	銀行からの借入は、短期的な運転資金や設備投資資金に充当することができる。ただし、この場合には、一定の自己資本比率や償還年限（借入金額÷（税引後利益＋減価償却費））の基準を超えないことが求められる。

　なお、B/Sの諸項目を源泉としたキャッシュフローについては、固有の内在的制約条件があるため、どの方法が最適な手段であるかについては、制約条件も考慮しながら総合的に判断することが求められる。

解答　正解　C

A．適切。キャッシュフローには、短期的な支払資金（守りのキャッシュフロー）と中長期的な戦略的投資資金（攻めのキャッシュフロー）を確保する役割がある。

B．適切。キャッシュフローについては、原則として「税引後利益＋減価償却費」の内部資金で、事業関連支出や運転資金の純増額と維持設備投資等を賄う必要がある。

C．不適切。キャッシュフローの確保が困難な場合に、不動産の売却を検討する際には、含み益のある不動産のうち、不稼動資産について売却を検討することが適切である。

D．適切。銀行からの借入は、短期的な運転資金や設備投資資金に充当することができるが、その場合には、一定の自己資本比率や償還年限（借入金額÷（税引後利益＋減価償却費））の基準を超えないことが求められる。

41

21. 医師の財務課題

> **問21** 開業直後の医師の財務課題に対する提案内容に関する記述について、正しいものはどれですか。

A. 開業直後の場合には、開業資金の借入が大きいため、コストの低い掛け捨て型の短期定期保険や収入保障保険への加入を提案する。

B. 贈与税の基礎控除額を活用した生前贈与により、子にできるだけ暦年贈与という形で渡して、将来の相続税を回避することを提案する。

C. 節税を目的として、逓増定期保険や超長期定期保険といった保険料の一部が損金算入可能な金融商品や確定拠出年金への加入を提案する。

D. 開業直後の場合には、経営維持に必要な一定の固定支出が生じ、開業資金の借入金残高も多いことから、一切の金融商品の購入を勧めるべきではない。

> ### 解　説

　ターゲット顧客が医師の場合の財務課題とアプローチ方法について理解する。医師の場合の典型的なライフステージは、Stage 1（開業）からStage 4（引退）までに区分され、それぞれのStageの財務課題は、次の通りである。

Stage 1（保険が重要なステージ）
　開業直後で、患者も定着していないので収入は少ないが、経営維持に必要な固定支出が生じる。また、開業資金の借入金残高も多く、純資産も大きなマイナスとなっている。よって、このステージでは、借入金の返済原資と遺族の生活保障を確保するため、コストの低い掛け捨て型の短期定期保険や収入保障保険への加入が有効である。

第1章｜RM（リレーションシップ・マネジメント）

Stage 2 （保険が引き続き重要なステージ） 　患者の定着によってキャッシュフローはプラスになるが、開業資金の借入金の返済が終わっていないため、純資産は依然としてマイナスである。よって、借入金の返済原資と遺族の生活保障、さらに就業不能時の収入保障を確保するための長期所得補償保険への加入が有効である。
Stage 3 （資産運用のステージ） 　Stage 2 からキャッシュフローがプラスとなり、借入金返済が進み、余剰資金が生じることから、余剰資金の運用が必要となる。よって、このステージでは、暦年贈与と資産運用ニーズをセットにした運用プログラムに着手する。また、逓増定期保険や超長期定期保険を活用して医療法人の節税を図り、解約返戻金でバランスシートを補強し、老後資金準備を始める。長期所得補償保険も引続き利用する。
Stage 4 （資産運用・保全・相続税対策のステージ） 　退職後、収入によるキャッシュフローがなくなるため、純資産をどのように運用し、効果的に相続するかが重要となる。このステージでは、老後の生活資金確保のための運用と保全、相続・事業承継対策が必要となる。

解答　正解　A

A．適切。開業直後の場合には、開業資金の借入が大きいため、コストの低い掛け捨て型の短期定期保険や収入保障保険への加入を提案することは適切である。

B．不適切。贈与税の基礎控除額を活用した暦年贈与により、子の将来の相続税を回避する提案は、Stage 3 （資産運用のステージ）以降が適している。

C．不適切。節税を目的とした、逓増定期保険や超長期定期保など保険料の一部が損金算入可能な金融商品や確定拠出年金への加入の提案は、Stage 3 （資産運用のステージ）以降が適している。

D．不適切。開業直後の場合には、経営維持に必要な一定の固定支出が生じ、開業資金の借入金残高も多いことから、借入金の返済原資と遺族の生活保障を確保することを目的とした、掛け捨て型の短期定期保険や収入保障保険への加入を勧めるべきである。

22. フリー・キャッシュフロー

> **問22　フリー・キャッシュフローに関する記述について、正しいものはどれですか。**

A. ベンチャー企業の場合には、一般的に投資要因のキャッシュアウトよりも損益要因によるキャッシュインが大きくなるため、フリー・キャッシュフローは大きくプラスとなる。

B. 老舗企業の場合には、安定的な利益のうえに新規設備投資の必要はなく、信用度もあるため取引先に対し仕入債務を立てることができるため、フリー・キャッシュフローは安定的にプラスとなる。

C. 業界の成長率は高いものの、市場占有率の低い企業では、運転資本回転期間は不変であっても売上高が急上昇するため、フリー・キャッシュフローは大きくプラスとなる。

D. 業界の成長率が高く、市場占有率の高い企業では、投資要因のキャッシュアウトは依然大きいものの、損益要因のキャッシュインが大きいため、フリー・キャッシュフローはプラスとなる。

解　説

フリー・キャッシュフロー（FCF）について理解する。

> フリー・キャッシュフロー（FCF）は、「損益要因のキャッシュフロー（＝税引後利益＋減価償却費）」と「投資要因のキャッシュフロー（＝運転資金の純増加額：売上債権＋在庫－仕入債務＋新規設備投資額)」の合計をいう。
>
> ベンチャー企業は、利益水準が低い中、市場の成長率が高く、技術革新のスピードが速いため、減価償却費をはるかに超える新規設備投資を行う必要がある。また、信用度も低いため現金決済を強いられる一方、販売先に対する売掛債権が膨らむ資本構造となる。そのため、損益要因によるキャッシュインよりも投資要因のキャッシュアウトが大きくなるため、フリー・キャッシュフローは大きくマイナスとなる。

第1章｜RM（リレーションシップ・マネジメント）

　老舗企業は、安定的な利益のうえに新規設備投資の必要はなく、信用度もあるので、仕入債務を立てることができるため、フリー・キャッシュフローは安定的にプラスを示す。
　業界の成長率が高く市場占有率の低い企業では、運転資本回転期間は不変であっても売上高が急上昇するので、運転資金の需要が増加し、設備投資も増強する必要があるため、減価償却費をはるかに超える高い設備投資を行う。一方、市場占有率が低いため利益水準が低く、フリー・キャッシュフローは大きくマイナスとなる。
　業界の成長率が高く市場占有率の高い企業では、投資要因のキャッシュアウトは依然大きいものの、損益要因のキャッシュインが大きく、投資要因のキャッシュアウトを相殺してフリー・キャッシュフローはプラス・マイナス・ゼロとなる。

解答　正解　B

A．不適切。ベンチャー企業の場合には、利益水準が低い中、減価償却費をはるかに超える新規設備投資を行う必要があり、信用度も低いため現金決済を強いられる一方、販売先に対し売掛債権が膨らむ資本構造となる。そのため、損益要因によるキャッシュインよりも投資要因のキャッシュアウトが大きくなるため、フリー・キャッシュフローは大きくマイナスとなる。

B．適切。老舗企業の場合には、安定的な利益のうえに新規設備投資の必要はなく、信用度もあるため取引先に対し仕入債務を立てることができるため、フリー・キャッシュフローは安定的にプラスとなる。

C．不適切。業界の成長率は高いものの、市場占有率の低い企業では、運転資本回転期間は不変であっても売上高が急上昇するため、運転資金の需要が増加し、設備投資も増強する必要がある一方、利益水準が低いため、フリー・キャッシュフローは大きくマイナスとなる。

D．不適切。業界の成長率が高く、市場占有率の高い企業では、投資要因のキャッシュアウトは依然大きいものの、損益要因のキャッシュインが大きく、投資要因のキャッシュアウトを相殺してフリー・キャッシュフローはプラス・マイナス・ゼロとなる。

23. 効果的顧客コミュニケーション手法の確立

問23　効果的な顧客コミュニケーション手法の確立について、既存顧客のメンテナンス方法に関する説明について、正しくないものはどれですか。

A．顧客とのコミュニケーションは、顧客の求める手段に合わせることが必要であるため、顧客に事前にコミュニケーション方法について確認しておくことが大切である。

B．運用報告や提案などについて、顧客から特に要求がない限り、メールで送信して顧客が必要な時間に確認してもらえば十分である。

C．顧客に提供するコンテンツは、金融系と非金融系に分けて、顧客に情報を選択してもらうことが有効であり、金融系のコンテンツのうち、金融市場関係以外の一般情報では、法律や税制といった顧客の関心の高い制度変更に伴う情報提供も有効である。

D．顧客とのコミュニケーションについては、顧客の要請に応じて面談時間を取るのが原則であるが、預かり資産の規模が5億円前後であれば、少なくとも年2回程度は面談の機会を設けるべきである。

解　説

　効果的な顧客コミュニケーション手法の確立について理解する。

　効果的な顧客とのコミュニケーション手法について、既存顧客のメンテナンス方法の注意点は、次の通りである。

第1章｜RM（リレーションシップ・マネジメント）

---

(1) 顧客とのコミュニケーション手段

顧客とのコミュニケーションは、顧客の求める手段に合わせることが基本で、効果的に行うには、あらかじめ顧客とコミュニケーション方法について確認し、合意しておくとよい。運用報告や提案などでは、対面でのコミュニケーションが不可欠であるが、単なる情報伝達の目的であれば、面談以外の手段を選ぶことが適切な場合もある。

(2) 顧客に提供するコンテンツ

提供するコンテンツは、金融系と非金融系に分けて、提供メニューをリストアップし、顧客に情報を選択してもらうことが有効である。金融系では、市場系情報とその他の一般情報に分け、一般情報では、顧客の関心の高い制度変更に伴う情報を提供する。非金融系では、健康、娯楽、教育といったテーマについての情報提供を行う。

(3) 顧客とのコミュニケーションの頻度

顧客とのコミュニケーションについては、顧客の要請があればできる限り早く面談の時間を取るのが原則である。預かり資産の規模が5億円前後であれば、少なくとも年2回程度は面談の機会を設ける必要がある。

解答　正解　B

A．適切。顧客とのコミュニケーションは、顧客の求める手段に合わせることが必要であるため、顧客と事前にコミュニケーション方法について確認し、合意しておくことが大切である。

B．不適切。顧客から特に要求がない限り、市場情報などは、メールで送信して顧客が必要な時間に確認してもらえば十分であるが、運用報告や提案は、対面でのコミュニケーションが不可欠である。

C．適切。顧客に提供するコンテンツは、金融系と非金融系に分けて、顧客に情報を選択してもらうことが有効であり、金融系のコンテンツは、市場系情報とその他の一般情報に分け、一般情報では、顧客の関心の高い制度変更に伴う情報提供も有効である。

D．適切。顧客とのコミュニケーションは、顧客の要請に応じて面談時間を取るのが原則であるが、預かり資産の規模が5億円前後であれば、少なくとも年2回程度は面談の機会を設けるべきである。

47

第2章
WM(ウェルスマネジメント)

1. 富裕層の関心事

> **問1** 富裕層が重要と考えている関心事で、最も重要だと考えていることはどれですか。

A. 後継者選び

B. インフレが起こることによる資産の目減り

C. 経済環境が自分の目標に及ぼす影響

D. 健康を守るための費用

第2章｜WM（ウェルスマネジメント）

解　説

　世界の富裕層に関わるレポートにおいて、富裕層が重要と考える関心事は、重要度の高いものから、①必須と考える事項、②重要と考える事項、③中程度の重要事項の3つに区分されているので、それぞれの内容を理解する。

　世界の富裕層のレポートにおける富裕層の重要関心事の項目と内容は次の通りである。

項　目	内　容
必須と考える事項	・経済環境の目標に対する影響 ・増税の可能性
重要と考える事項	・後継者への円滑な相続 ・生涯にわたる資金枯渇の回避 ・インフレにより実質収入が減少すること ・不動産マーケットの状況
中程度の重要事項	・豊かな老後の実現 ・健康を守るための費用の上昇 ・教育費の高騰

解答　正解　C

A．不適切。後継者選び（後継者への円滑な相続を含む）は、富裕層のうち企業経営者には関心の高い事項であるが、富裕層全体からみると、「重要と考える事項」に分類される。

B．不適切。インフレによる資産の目減りや実質収入の減少は、「重要と考える事項」に分類される。

C．適切。経済環境の目標に対する影響は、増税の可能性とともに、最も重要な「必須と考える事項」に分類される。

D．不適切。健康を守るための費用は、「中程度の重要事項」に分類される。

51

2. WM（ウェルスマネジメント）の目的

問2　WM（ウェルスマネジメント）の目的として、正しくないものはどれですか。

A．個人資産の最適配分と次世代への移転の支援

B．ファミリーミッションの実現の支援

C．アセットマネジメントとタックスマネジメントを統合した支援

D．慈善事業と社会貢献への支援

第2章│WM（ウェルスマネジメント）

解　説

　WM（ウェルスマネジメント）の目的を、個人またはそのファミリーが何を最優先とするかを踏まえて理解する。

　WMの目的は、個人資産の最適な配分と後継世代への不安のない移転を約束し、永代にわたるそのご家族のファミリーミッションの実現を、アセットマネジメントとタックスマネジメントを統合しながら支援することである。

　わが国の場合、所得税や相続税の税率が高く、次世代への財産移転には税務対策が不可欠であるため、タックスマネジメントの役割は非常に大きい。

解答　正解　D

A．適切。WMは、個人資産の最適配分と後継世代への不安なき移転を支援することが目的といえる。

B．適切。WMは、永代にわたるその家族のファミリーミッションの実現を支援することが目的といえる。

C．適切。WMは、アセットマネジメントとタックスマネジメントを統合しながら支援することが目的といえる。

D．不適切。富裕層の効用（何を実現することを嬉しいと思うか）は千差万別であるため、慈善事業と社会貢献の効用が大きいと感じる富裕層も一部にいるが、多くの富裕層にとっては、慈善事業や社会貢献の優先度は低いと位置付けられるので、WMの目的とまではいえない。

53

3．アジア各国の税金・税率

> ### 問3　アジア各国の税金や税率について、正しくないものはどれですか。

A．香港には相続・贈与税に該当するものはない。

B．シンガポールの所得税の最高税率は20％である。

C．日本の相続・贈与税の最高税率は50％である。

D．香港の法人税の税率は16.5％である。

解　説

　資産家や高所得者など富裕層にかかる税金について、日本は負担が大きいと言われているが、同じアジアの香港、シンガポールと税金の有無や税率を比較して、負担の違いを理解する。

　富裕層にかかる税金のうち、相続・贈与税については、日本は最高税率が50％と高かったが、2015年1月よりさらに引き上げられ「55％」になっている。これに対し、香港やシンガポールには、相続・贈与税に該当する税金はない。

　また、所得税関係についても、日本は所得税（国税）の最高税率が2015年より引き上げられ（40％→45％）、所得税と住民税（地方税、10％）を合わせた負担（最高55％）は、香港やシンガポールより格段に大きい。

　なお、法人税関係については、日本は引き下げの方向にはあるが、香港やシンガポールの2倍程度の税率で負担が大きい。各国の税金の税率は、次の通りである。

第2章｜WM（ウェルスマネジメント）

（2015年9月1日現在）

	日本	香港	シンガポール
所得税	最高税率45%（国税） 住民税10%（地方税） 全世界所得	最高累進税率17%か 平均税率15%の どちらかを選択 国内源泉所得	最高税率20% （累進課税） 国内源泉所得
相続税	最高税率55%	なし	なし
法人税	35.64% （法人税＋地方税）	16.5%	17%

※日本の所得税の最高税率は2015年分より40%から45%に引き上げられた。
　また相続・贈与税の最高税率は2015年1月に50%から55%に引き上げられた。
　法人税＋地方税は2015年3月31日までは38.01%であった。

解答　正解　C

A．適切。香港やシンガポールには、相続・贈与税に該当するものは
ない。

B．適切。シンガポールの所得税の最高税率（累進課税）は20%であ
る。

C．不適切。日本の相続・贈与税の最高税率は、2015年1月より55%
に引き上げられた。

D．適切。香港の法人税の税率は16.5%である。

4. ファミリーミッション・ステートメント(FMS)

> **問4** ファミリーミッション・ステートメント(以下、「FMS」という)に関する説明として、正しくないものはどれですか。

A. FMSは、ファミリーの家訓であり、企業でいう社是にあたるものである。

B. FMSは、ファミリーまたはその同族企業の行動方針、価値観、目標を示したものである。

C. FMSを作成するためには、ファミリーの行動方針となる哲学を明確にする必要がある。

D. 投資政策書（IPS）を目標とすれば、FMSは、その実現のための手段である。

第2章｜WM（ウェルスマネジメント）

解　説

　FMSを作成することの意義や目的、およびFMSと投資政策書（IPS）との違いを理解する。

　FMSは、企業でいう社是にあたるファミリーの家訓であり、ファミリーまたはその同族企業の行動指針、価値観、目標を記述し、世間に表明したものである。作成する際には、前提となるファミリーの行動方針に結び付く哲学を明確にする必要がある。

　一方、投資政策書（IPS）は、FMSの目標を実現するための手段である。

解答　正解　D

A．適切。FMSとは、企業でいう使命宣言（社是）であり、特定の個人や夫婦、ファミリーの家訓である。

B．適切。FMSは、ファミリーまたはその同族企業の行動方針、価値観、目標を明文化し、世間に表明したものである。

C．適切。FMSを作成するためには、「社会に貢献し、持続的なファミリーの経済的かつ文化的な成長を実現する」など、ファミリーの行動方針に結びつく哲学を明確にする必要がある。

D．不適切。FMSは、ファミリーの到達目標を明確にしたものであり、投資政策書（IPS）はその目標を実現するための手段といえる。

57

5. ファミリーが保全すべき資本

> **問5** ファミリーの繁栄、成長を実現可能とするために保全すべき資本として、正しくないものはどれですか。

A. 財的資本（Financial Capital）
B. 物的資本（Material Capital）
C. 人的資本（Human Capital）
D. 知的資本（Intellectual Capital）

解　説

　ファミリーが永代にわたる繁栄や成長を実現可能にするために、保全すべき3つの資本の内容を理解する。

　ファミリーが繁栄、成長のために保全すべき資本は、財的資本、人的資本、知的資本の3つであり、内容は次の通りである。

区　分	内　容
財的資本	金融資産、自社株、不動産など
人的資本	ファミリーやファミリービジネスの家族や後継者など
知的資本	知識やノウハウに基づき立案されるファミリーやファミリービジネスの差別化された戦略など

　わが国においては、相続時の税負担が大きいため、3つの資本のうち財的資本の保全こそが目的であると考えられる傾向が強いが、人的資本、知的資本を含めた3つの資本のバランスのとれた保全が重要である。

　なお、物的資本とは、財・サービスを生産するために使われる施設や建造物などであるが、ファミリーが保全すべき重要な3つの資本には入らない。

第2章｜WM（ウェルスマネジメント）

解答　正解　B

A． 適切。「財的資本」は、金融資産、自社株、不動産などであり、ファミリーの繁栄、成長を実現可能とするために保全すべき資本である。

B． 不適切。「物的資本」は、財・サービスを生産するために使われる施設などであり、ファミリーの繁栄、成長を実現可能とするために保全すべき資本には該当しない。。

C． 適切。「人的資本」は、ファミリーやファミリービジネスの家族や後継者などであり、ファミリーの繁栄、成長を実現可能とするために保全すべき資本である。

D． 適切。「知的資本」は、ファミリーやファミリービジネスの差別化された戦略などであり、ファミリーの繁栄、成長を実現可能とするために保全すべき資本である。

59

6. ファミリーミッションの実現

問6　ファミリーミッションの実現に向けた説明として、正しくないものはどれですか。

A. ノンファイナンシャルな人的・知的ミッションには、家族や後継者の存在が重要となる。

B. ファイナンシャルなミッションには、金融資産、自社株、不動産という3つの財的資本が重要となる。

C. ファイナンシャルなミッションの追求に傾斜することが、ファミリーの持続成長の可能性を高くする。

D. 知的資本の源泉であるファミリービジネスは、他の家族のファミリービジネスと異なる差別化された戦略を持つことが重要となる。

第2章 | WM（ウェルスマネジメント）

解　説

　ファミリーミッションを実現するために重要となるファイナンシャルなミッションとノンファイナンシャルなミッションの内容、および2つのミッションのバランスのとれた実現がファミリーの持続的成長の可能性を高くすることを理解する。

　ファイナンシャルなミッションとノンファイナンシャルなミッションの内容は、次の通りである。

ミッション	内　容
ファイナンシャルなミッション	例えば20年後にファミリーの純資産を30億円にするといった目標
ノンファイナンシャルな人的・知的ミッション	家族内の結束、健康、幸福、愛の追求、社会への文化的貢献

解答　正解　C

A．適切。ノンファイナンシャルな人的・知的ミッションには、家族や後継者の存在が重要となる。

B．適切。ファイナンシャルなミッションには、金融資産、自社株、不動産という3つの財的資本が重要となる。

C．不適切。ファイナンシャルなミッションとノンフィナンシャルなミッションのバランスのとれた実現が、ファミリーの持続成長の可能性を高くする。

D．適切。知的資本の源泉であるファミリービジネスは、他の家族のファミリービジネスと異なる差別化された戦略を持つことが重要となる。

61

7. 次世代への事業・財産承継

問7　次世代への円滑な事業、財産の移転承継の説明として、正しくないものはどれですか。

A. 次世代などへの円滑な事業や財産の承継を実現するためには、事業成長戦略や事業承継戦略、財産承継戦略の立案、実行が必要である。

B. オーナー企業経営者は、後継者を誰にするか、持ち株比率をどうするかということも戦略的に考える必要がある。

C. オーナー企業経営者は、自社株を後継者に移転する場合には、後継者以外の相続人に対してどの財産を分割するかも考慮する必要がある。

D. 不動産オーナーは、自らの事業に集中するだけで持続的な繁栄を実現することができる。

第2章｜WM（ウェルスマネジメント）

解　説

　事業経営者が次世代や次々世代への事業承継や財産承継を行う上での注意点について理解する。

　事業経営者が、事業承継と財産承継を円滑に行うためには、事業成長戦略だけでなく、事業承継戦略、財産承継戦略も合わせて、バランスよく実行する必要がある。

　事業承継戦略と財産承継戦略の主な内容は、次の通りである。

区　分	主　な　内　容
事業承継戦略	後継者を誰にするか、持ち株比率をどのようにするか。自社株を後継者に移転する際の相続税の納税対策や、後継者以外の相続人に対する財産分割をどうするか。
財産承継戦略	自社株や不動産、金融資産などの財産を相続税や贈与税を支払いながら、いかに次世代、次々世代に継承するか。

解答　正解　D

A．適切。事業成長戦略、事業承継戦略、財産承継戦略という3つの戦略の立案、実行によって、次世代、次々世代への円滑な事業や財産の承継を実現することができる。

B．適切。オーナー企業経営者の場合、同族内事業承継と同族外事業承継が考えられるが、後継者を誰にするか、持ち株比率をどうするかということを戦略的に考える必要がある。

C．適切。オーナー企業経営者は、自社株を後継者に移転する場合には、相続税の納税対策も必要となり、後継者以外の他の相続人に対しては、どの財産を分割するかも考慮する必要がある。

D．不適切。不動産オーナーやオーナー企業経営者は、自らの事業に集中するだけでは持続的な繁栄を実現することは難しく、事業承継戦略や財産承継戦略も合わせて考慮する必要がある。

8. 富裕層のニーズ

問8 資産家や富裕層の効用やニーズに関する説明として、正しくないものはどれですか。

A. 資産家や富裕層は一般のマス層と比較してニーズも多いが、ニーズはファイナンシャルプランニング、リスクマネジメント、住宅という3つに分類される。

B. 資産家や富裕層は、所得税負担が大きいため、投資においても税引後投資収益率を高めることが重要となる。

C. わが国では、相続税、贈与税の税負担が高いため、次世代へ承継する税引後資産の極大化が効用の1つとなる。

D. 資産家や富裕層のうち、財産の拡大だけでは効用の増加が期待できない場合には、フィランソロフィーによる効用も重要となる。

第2章｜WM（ウェルスマネジメント）

解　説

　資産家や富裕層は一般のマス層より多様なニーズがあること、および富裕層等に対するWMではその多様なニーズに応える必要があることを理解する。

　富裕層の多様なニーズの区分、内容は次の通りである。

区　分	内　容
ファイナンシャルプランニング	証券投資　不動産投資　国内外預金 キャッシュマネジメント・借入　生命保険 個人年金　貴金属投資　芸術作品収集 所得分散・相続税・贈与税
リスクマネジメント	所得保障　健康管理　病気・障害 家族の関係・結婚・離婚　次世代の教育 社会貢献　法律問題
趣味	エンターテインメント　レジャー・芸術　スポーツ 車・ヨット　旅行　食事・レストラン ブランドアクセサリー収集

解答　正解　A

A. 不適切。資産家や富裕層のニーズは、ファイナンシャルプランニング、リスクマネジメント、趣味という３つに分類される。

B. 適切。資産家や富裕層は、現状の所得税負担が大きいため、１つの投資や資産全体の収益率においても、税引後投資収益率をいかに高めるかが重要となる。

C. 適切。わが国では、相続税、贈与税の税負担が高いため、次世代へ承継する税引後資産の極大化が効用の尺度の１つとなる。

D. 適切。資産家や富裕層のうち、財産の拡大や所得の増加だけでは効用の増加が期待できない場合には、フィランソロフィー（慈善活動）も効用の１つとなりうる。

65

9. 富裕層のリスク許容度

> **問9** 資産家や富裕層のリスク許容度に関する説明として、正しいものはどれですか。

A. わが国の富裕層の多くは、中小企業経営者であり、そのほとんどは自らのコアビジネスを持っている。

B. 富裕層ファミリーのコアアセットの多くは自社株から構成され、金融ポートフォリオの比重は総資産の4分の1程度である。

C. 中小企業経営者に対するWMにおいて、顧客のリスク許容度は本業のビジネスリスクを考慮する必要がある。

D. 中小企業経営者に対するWMにおいて、新興国ビジネスに携わる顧客に対しては、顧客が新興国の動向に詳しいため、新興国ファンドなどの金融商品を積極的に勧めることが望ましい。

第2章｜WM（ウェルスマネジメント）

解　説

　中小企業経営者、不動産オーナーのリスク許容度について理解する。
　富裕層の多くは中小企業経営者、不動産オーナーであり、そのコア
アセットの多くは、自社株、不動産から構成される。中小企業経営者
のリスク許容度は、本業のビジネスリスクにより大きく異なるため、
それらを考慮した上で金融ポートフォリオを組む必要がある。

解答　正解　C

A．不適切。わが国の富裕層の多くは、中小企業経営者と不動産オー
　　ナーであり、そのほとんどは自らのコアビジネスを持っている。

B．不適切。富裕層ファミリーのコアアセットの多くは自社株、不動
　　産から構成され、金融ポートフォリオの比重は総資産の3分の1
　　程度である。

C．適切。中小企業経営者に対するWMにおいて、顧客のリスク許容
　　度は、その顧客が負担している本業のビジネスリスクを考慮する
　　必要がある。

D．不適切。中小企業経営者に対するWMにおいて、新興国ビジネス
　　に携わる顧客に対しては、新興国の景気が悪くなれば業績も振る
　　わなくなる傾向があるため、金融ポートフォリオは、新興国の景
　　気と負の関係を持たせるなど、本業の業績と金融商品の値動きと
　　の関連性に注意する必要がある。

67

10. 富裕層の顧客タイプ別ニーズ

問10　顧客タイプ別の属性とニーズに関する説明として、正しくないものはどれですか。

A．中小企業オーナーの場合には、40代といった早い時期に後継者を見定め、自社株を暦年贈与するなどの対策により、相続時の高額納税を回避する戦略が必要となる。

B．上場企業のオーナー株主の場合には、相続税評価額の軽減対策が重要になるため、運営コストを考慮したとしても、上場株式を保有する資産管理会社を設立することが有効な手段といえる。

C．不動産オーナーの場合には、不動産管理会社を活用し、買い換えや交換、収容等の特例など、税務上の課税価格の圧縮を目的とした対策を講じて、不動産投資に関わる収益率を下げる戦略が重要となる。

D．代々の資産家で資産額が50億円を超えるような場合には、国内の税務対策だけでは限界があるため、香港やシンガポール等の相続税・贈与税のない国への移住も、相続税を軽減する選択肢の一つである。

解　説

　富裕層は顧客タイプにより異なる資産を保有しているため、顧客タイプ別のニーズ、戦略について理解する。

　顧客タイプ別のニーズおよび主な戦略は、次の通りである。

	ニーズ	主 な 戦 略
中小企業オーナー	事業成長、事業承継、財産承継戦略のバランスある立案と実行	後継者への同族内事業承継、後継者不在ならMBOまたはM&A、自社株の暦年贈与により相続時高額納税を回避

第2章｜WM（ウェルスマネジメント）

	ニーズ	主 な 戦 略
上場企業オーナー	所有と経営の継続的維持か、所有の維持（財産承継）の選択	資産管理会社を介して上場株式を保有し経営を継続的に維持し、相続税評価額を軽減、同族へ所得分散
不動産オーナー	物件の収益性維持、家族内の所得分散と相続税課税価格の軽減	不動産管理会社や不動産保有会社を活用して課税価格を圧縮するとともに、資産全体の収益率の低下を阻止
代々の資産家	資産管理法人の活用による相続税課税価格の軽減	資産管理法人を活用して課税価格を圧縮するとともに、相続税納税のための金融資産を保有

解答　正解　C

A. 適切。中小企業オーナーの場合、40代といった早い時期に後継者を見定め、自社株を継続して暦年贈与するなどの対策により、相続時の一時の高額納税を回避する戦略が必要となる。

B. 適切。上場企業のオーナー株主の場合、資産管理会社を介して上場株式を保有することで、経営の継続的維持と所有株式の相続税評価額を軽減できるので、資産管理会社を設立することは有効な手段である。

C. 不適切。不動産オーナーの場合には、不動産管理会社を活用し、買い換えや交換、収容等の特例など、税務上の課税価格の圧縮を目的とした対策を講じるとともに、不動産投資に関わる収益率を下げない戦略の立案と実行が重要となる。

D. 適切。代々の資産家で資産額が50億円を超えるような場合には、香港やシンガポール等の相続税・贈与税のない国へ親子一緒に移住することも、相続税を軽減する選択肢の一つである。

69

11. リタイアメントプランニング

問11　リタイアメントプランニングにおける必要資金準備に関する説明として、正しくないものはどれですか。

A．退職後に必要な生活資金を試算するためには、年金や資産運用等の収入見込額から平均支出額などを考慮した支出見込額を控除し、収支差額を算定する必要がある。

B．退職後の必要資金のうち、住宅のリフォームや子供の結婚援助資金等のライフイベント資金は、流動性を重視する運用スタンスが望ましいといえる。

C．退職後に必要な生活資金をカバーするための必要貯蓄額や、病気等の万が一の場合の必要保障額は、平均余命を設定することで試算することができる。

D．退職後の必要資金分析を行うためには、加入している年金の概要や退職金および退職後の収入、支出の状況等の情報を収集し、キャッシュ・フロー表を作成して収支等の現状把握を行う必要がある。

解　説

　リタイアメントプランニングにおける必要資金の内容や資金内容に応じた運用スタンスについて理解する。

　退職後に必要な生活資金の分析、試算を行い、不足が生じる場合には、退職前の早い段階から計画的に準備する必要がある。

　退職後の必要資金内容、運用スタンスは次の通りである。

資金区分	資金の内容	運用スタンス
生活防衛資金	病気や事故等の万が一に備えるための資金	流動性を重視
ライフイベント資金 （使途が明確な資金）	退職後の生活資金　住宅リフォーム資金 高齢者向け施設費用　子供の結婚や住宅購 入の援助資金	安全性を重視
余裕資金	上記以外の資金	収益性を重視

また、現状分析を行うために必要な情報は次の通りである。

ⅰ）加入している年金の概要（公的年金、企業年金、個人年金）
ⅱ）退職時期、退職金、退職後の収入（年金、仕事）
ⅲ）支出の状況（生活費、住宅費用、教育費用、余暇費用）
ⅳ）相続により資産を相続する可能性
ⅴ）子や孫への贈与の可能性

解答　正解　B

A．適切。退職後に必要な生活資金を試算するためには、収入見込額から支出見込額を控除して、収支差額を算定し、収支差額がマイナスの場合には、追加的な資金準備が必要となる。

B．不適切。退職後の必要資金のうち、住宅のリフォームや子供の結婚援助資金等の使途が明確なライフイベント資金については、安全性を重視する運用スタンスが望ましいといえる。

C．適切。平均余命を設定することで、退職後に必要な生活資金をカバーするための必要貯蓄額や、病気等の万が一の場合の必要保障額を試算することができる。

D．適切。退職後の必要資金分析を行うためには、加入している年金の概要や退職金および退職後の収入、支出の状況等の情報を収集し、個人バランスシートやキャッシュ・フロー表を作成し、家計の財政状態や収支等の現状把握を行う必要がある。

12. 医療保険制度

問12　医療保険制度についての説明のうち、正しいものはどれですか。

A．会社等を退職した場合には、国民健康保険に加入しなければならない。

B．後期高齢者医療制度は、75歳以上の方のみが加入する制度である。

C．医療保険制度の体系は、医療保険、船員保険、退職者医療、高齢者医療の４つに分類される。

D．国民健康保険は、地方自治体が運営するもの以外に、同種の事業従事者を対象として組合が運営するものがある。

第2章 | WM(ウェルスマネジメント)

解　説

　医療保険制度の体系について、区分、制度、対象者（被保険者）などを理解する。

　医療保険制度の体系は、次の通りである。

区　分	制　　度	対象者（被保険者）
医療保険	健康保険	民間会社の勤労者
	船員保険	船員
	共済組合	公務員
	国民健康保険	自営業者等
退職者医療	退職者医療制度 国民健康保険	厚生年金保険等の被用者年金に一定期間加入し、老齢年金給付を受けている65歳未満等の方
高齢者医療	後期高齢者医療制度	75歳以上の方、65歳以上75歳未満で一定の障害のある方

解答　正解　D

A．不適切。会社等を退職した場合には、国民健康保険に加入する以外に、家族の扶養に入るという選択肢もある。

B．不適切。後期高齢者医療制度は、75歳以上の方および65歳以上75歳未満で一定の障害がある方を対象とした制度で、都道府県単位の広域連合会が運営している。

C．不適切。医療保険制度の体系は、医療保険、退職者医療、高齢者医療の３つに分類される。

D．適切。国民健康保険は、地方自治体が運営するもの以外に、税理士国民健康保険組合、建設業国民健康保険組合などのように、同種の事業従事者を対象として組合が運営するものがある。

73

13. 個人のバランスシート

> **問13　個人のバランスシートについての説明のうち、正しくないものはどれですか。**

A．個人のバランスシートも、法人と同じように「資産」「負債」「純資産」からなる。

B．個人のバランスシートの資産は、時価により評価計算を行う。

C．個人のバランスシートの負債は、確定債務により計算を行う。

D．個人のバランスシートにより、資産の分散や流動性を確認することができる。

解　説

　個人のバランスシートの内容について理解する。

　個人のバランスシートも、法人と同様「資産」「負債」「純資産」からなり、純資産は資産から負債を控除した金額である。家計が保有する財産の棚卸表である個人バランスシートの作成は、資産を時価で計算し、負債は確定債務（借入金などのように金額や支払期限が確定しているもの）のみならず、将来に負担する未払い相続税額を負債として認識することにより、より多くの財産（納税後の純資産額）を次世代に残すための対策の策定に役立てることができる。

個人のバランスシートの作成例は、次の通りである。

（単位：万円）

【資産】		【負債】	
金融資産		借入金	6,500
預貯金等	8,400	一次相続税	4,700
株式・債券・投資信託	10,500	二次相続税	3,700
生命保険（解約返戻金相当額）	3,300	負債合計	14,900
不動産			
土地・建物	24,800		
自社株	4,800	【純資産】	38,000
その他（動産等）	1,100		
資産合計	52,900	負債・純資産合計	52,900

解答　正解　C

A．適切。個人のバランスシートは、資産、負債、純資産からなり、純資産は資産から負債を控除した金額である。

B．適切。個人のバランスシートの資産（金融資産や不動産および自社株など）を、時価により評価計算することで、相続税納税後の純資産を最大化するための対策や納税資金対策の検討を可能にする。

C．不適切。個人のバランスシートは、作成時点の財務上の問題点（財政状態）を確認するためのものであるが、負債には、確定債務のみならず、将来発生する相続税（未払い相続税額）も認識することで、納税後の純資産の最大化を図るための対策の策定に役立てることができる。

D．適切。個人のバランスシートにより、資産の分散や必要な流動性が確保できているか、相続における遺産分割が容易になる資産構成か、負債が無理なく返済可能であるかを確認することができる。

14. 個人キャッシュ・フロー表

問14　個人キャッシュ・フロー表についての説明のうち、正しくないものはどれですか。

A．個人のキャッシュ・フロー表を作成する際には、ライフイベント表を作成し、いつどのような資金が必要となるかを明確にする必要がある。

B．個人のキャッシュ・フロー表の収入については、給与収入や年金収入および運用収入など、税金や社会保険料を控除する前の金額で見積もりを行う。

C．キャッシュ・フロー表の分析により、ある年のキャッシュ・フローがマイナスとなっても、その翌年以降にプラスが継続していくのであれば問題はないと考えられる。

D．キャッシュ・フロー表の分析により、キャッシュ・フローのマイナスが累積し貯蓄残高がマイナスとなる状態が続くと、家計の破綻につながる可能性があるため、支出の見直しや借入金の削減策などの対応が必要となる。

解　説

　個人のキャッシュ・フロー表を作成することで、将来にわたる収支状況の確認や資金対策の要否などが分析可能となることを理解する。

　個人キャッシュ・フロー表の作成例は、次の通りである。

第2章｜WM（ウェルスマネジメント）

（単位：万円）

		経過年数	現在	1年後	2年後	3年後	4年後	5年後
		西暦（年）	2015	2016	2017	2018	2019	2020
家族構成および年齢	鈴木　浩		44歳	45歳	46歳	47歳	48歳	49歳
	恭子		40歳	41歳	42歳	43歳	44歳	45歳
	遼		13歳	14歳	15歳	16歳	17歳	18歳
ライフイベント			遼中学入学	車買換え家族旅行（海外）		遼高校入学W杯観戦		五輪観戦
収入	役員報酬（手取り）		3,000	3,000	3,000	3,000	3,000	3,000
	運用収入（税引後）		400	390	410	450	470	490
	その他の収入（税引後）		0	0	0	0	0	500
	収入合計		3,400	3,390	3,410	3,450	3,470	3,990
支出	基本生活費		1,000	1,000	1,000	1,000	1,000	1,000
	住宅費		600	600	600	600	600	600
	教育費		560	480	500	640	580	580
	保険料		100	100	100	100	100	100
	一時的支出		0	1,400	0	200	0	300
	その他支出		80	80	80	80	80	80
	支出合計		2,340	3,660	2,280	2,620	2,360	2,660
	年間収支		1,060	▲270	1,130	830	1,110	1,330
貯蓄残高			24,800	24,530	25,660	26,490	27,600	28,930

解答　正解　B

A．適切。ライフイベント表は、結婚、出産、教育、住宅購入、退職などの将来発生するイベントおよび必要資金を時系列的にまとめたもので、ライフイベント表を作成することで、いつどのような資金が必要となるかを明確にすることができる。

B．不適切。キャッシュ・フロー表の収入については、給与収入、年金収入、運用収入、その他の収入等があり、税金や社会保険料を控除した「可処分所得」ベースにより見積もりを行う。

C．適切。キャッシュ・フローが単年度のみマイナスとなる場合、その翌年以降にプラスが継続すれば問題はないと考えられ、マイナスとなる年に備えてローンを利用するなどの対策も考えられる。

D．適切。キャッシュ・フローが恒常的にマイナスになると、貯蓄残高がマイナスに転じる結果となり、借入金が膨らみ、家計の破綻につながる可能性がある。そのため、収入の増加や支出の見直し、資産の売却による借入金の削減などの迅速な対応が必要となる。

15. 個人版ALM

問15　個人版ALM（Asset Liability Management）についての説明のうち、適切なものはどれですか。

A．退職までの資産形成ステージでは、定期的な生活費を上回る給与収入などがあるため、財務許容度の範囲内で住宅ローンなどの負債を利用することも可能である。

B．退職までの資産形成ステージでは、生活費を上回る定期的な給与収入などにより、退職後の資産保全ステージよりリスク許容度が低くなるため、よりリスクの高い資産に配分することは不可能である。

C．退職後の資産保全ステージでは、年金収入と保有資産の運用収入が中心となるため、退職までの資産形成ステージよりも、負債を利用する財務許容度は大きくなる。

D．退職後の資産保全ステージでは、生活費の支払いや将来の相続が発生した場合の相続税の支払いに備えるため、退職までの資産形成ステージよりも、収益性が高く流動性の低い不動産等の資産で運用することが望ましい。

解　説

ALM（Asset Liability Management）は、資産と負債を総合的に管理することにより、損失を最小限にとどめ、収益の最大化を目指す管理手法であることを理解する。

ALMの管理手法をとることにより、金利や為替相場の変動による市場リスクや流動性リスクが生じた場合でも、損失の最小化・収益の最大化を目指すことが可能となる。主に金融機関で用いられる手法であるが、個人においても有効な手段である。

個人の退職までの資産形成ステージと退職後の資産保全ステージで

第2章｜WM（ウェルスマネジメント）

は、次の通り資産管理の方法が異なる。

資産形成ステージ（退職までの期間）	定期的な生活費を上回る給与収入があるため、リスク許容度も大きくなり、よりリスクの高い資産に配分することが可能となる。
	流動性の観点では、流動性の低い不動産等の資産クラスに多く配分することが可能である。
資産保全ステージ（退職後の期間）	年金収入と保有資産を運用しながら、必要に応じて保有資産を取り崩すことも想定されるため、借入金などの負債を利用する財務上の許容度は小さくなる。
	流動性の観点では、安全性、流動性の高い資産クラスで運用することが望ましい。

解答　正解　A

A．適切。退職までの期間を資産形成ステージとした場合、定期的な生活費を上回る給与収入などがあるため、財務許容度の範囲内で定期的な支払いが必要となる住宅ローンなどを利用することも可能である。

B．不適切。退職までの期間を資産形成ステージとした場合、定期的な生活費を上回る給与収入があるため、退職後の資産保全ステージと比較した場合にはリスク許容度が高くなるため、よりリスクの高い資産に配分することが可能になる。

C．不適切。退職後の期間を資産保全ステージとした場合、年金収入と保有資産の運用収入が中心となり、必要に応じて保有資産の取崩しが想定されるため、退職までの資産形成ステージと比較すると、借入金などの負債を利用するための財務上の許容度は小さくなる。

D．不適切。退職後の期間を資産保全ステージとした場合、保有資産の取崩しによる生活費の支払いや、将来の相続が発生した場合の相続税の支払いに備えるため、退職までの資産形成ステージと比較すると、安全性、流動性の高い資産クラスで運用することが望ましい。

16. 個人のリスク管理手法

問16 個人のリスク管理の手法についての説明のうち、適切でないものはどれですか。

A. 本人や家族の死亡や病気などのリスクは、生命保険によりカバーする。

B. 住宅などの財産に対する損害のリスクは、損害保険によりカバーする。

C. 他人にケガを負わせた場合などの損害賠償のリスクは、傷害保険によりカバーする。

D. 病気などで働けなくなったことにより、収入が減少するリスクは、所得補償保険によりカバーする。

第2章 | WM（ウェルスマネジメント）

解　説

　リスクの種類とその対策としての保険に関する基本的な内容について理解する。
　リスクの種類とそれを主にカバーする保険は、次の通りである。

リスクの種類	内　　容	保　　険
人的リスク	本人や家族の死亡、障害、病気、ケガ、介護、長生きなどのリスク	生命保険
物的リスク	住宅や家財などの財産に対する損害のリスク	損害保険
損害賠償リスク	第三者に対する損害賠償のリスク	損害保険（個人賠償責任保険）
費用・損失リスク	収入がなくなったり、減少したりするリスク	所得補償保険

解答　正解　C

A．適切。本人や家族の死亡や障害、病気、ケガ、介護、長生きなどのリスクは、生命保険によりカバーする。

B．適切。住宅や家財などの財産に対する損害のリスクは、損害保険によりカバーする。

C．不適切。傷害保険は、本人や家族のケガに係るリスクを補償することを目的とするもので、交通事故などの急激・偶然・外来の事故による入院、通院、後遺障害、死亡に備えるものである。他人にケガを負わせた場合などの損害賠償のリスクは、損害保険（個人賠償責任保険）によりカバーする。

D．適切。病気などによって働けなくなり、収入がなくなったり、減少したりするリスクは、所得補償保険によりカバーする。

81

17. 超富裕層のリスク対応策

> **問17　超富裕層特有のリスクへの対応策として、正しくないものはどれですか。**

A．相続税の納税資金対策として、自社株式を相続した後継者が承継した自社株式を法人に売却し、その資金で相続税の納付を行うことを検討する。

B．相続税の納税資金対策として、保険の種類によっては、保険料の一部を損金算入することができるため、保険の税制上のメリットを有効活用することを検討する。

C．経営者が死亡した際の死亡退職金や弔慰金は、その後の法人の経営を悪化させる恐れがあるため、死亡退職金や弔慰金は支払わないことを検討する。

D．後継者が自社株式の相続税の納税猶予の規定を活用した場合には、適用以降、従業員の継続雇用の要件など、多くの制約を受けることがあるため、必ずしも有効な手段であるとはいえない。

解　説

　超富裕層が会社のオーナーであり経営者である場合の、経営者を取り巻くリスクを理解する。

　超富裕層が自ら会社のオーナーや経営者である場合、経営者を取り巻くリスクおよび対策は、次の通りである。

リスクの種類	対　策
経営者に不測の事態が起こった場合の信用損失・売上減少・資金繰り悪化リスク	後継者（候補含む）が存在している場合発生するリスク。生命保険でカバーする。
事業承継・相続税納税リスク	流動性の高い金融資産を準備する。
役員死亡退職金・弔慰金支払リスク	流動性の高い金融資産を準備する。

第2章｜WM（ウェルスマネジメント）

解答　正解　C

A. 適切。自社株式の納税猶予を適用すると、適用後に後継者は制約を受けるため、自社株式を法人に売却し、その資金で相続税の納付を行うことは有効な手段である。

B. 適切。法人で定期保険や養老保険に加入した場合には、保険料の一部を損金算入することができるため、保険の税制上のメリットを有効活用することは、相続税の納税資金対策として有効である。

C. 不適切。経営者が死亡した場合、残された家族は、それ以降の生活資金や自社株式の相続による納税資金が必要となる。死亡退職金や弔慰金は、経営者の過去の就業に対する功労であり、受け取る家族にとっては、生活費の支払いや相続税の納税原資となるため、速やかに支払えるようにしておくべきである。

D. 適切。自社株式の相続税の納税猶予の規定は、後継者が自社株式の相続に係る80%の相続税の納税猶予を受けることができるが、この規定の適用後は、従業員の継続雇用など次のような制約を受けるため、必ずしも有効な手段であるとはいえない。

・相続開始前に、事業承継の計画的な取り組みについて、経済産業大臣の確認を受ける。

・相続開始後に、会社の要件、現経営者（被相続人）の要件、後継者（相続人）の要件を満たすことなどについて、経済産業大臣の認定を受ける。

・相続税の申告期限から5年間は、後継者が会社の代表者であること、後継者が筆頭株主であること、雇用の8割以上を維持すること。

18. 生命保険

問18 生命保険に該当しないものは、次のうちどれですか。

A．医療保険
B．終身保険
C．養老保険
D．定期保険

第2章│WM（ウェルスマネジメント）

解　説

　生命保険の種類について理解する。

　生命保険とは、人の生死に関して保険金が支払われる保険であり、保障内容により、次の通りさまざまな種類が存在する。

種　類	保障内容
養老保険	一定の保障期間を定め、満期時には死亡保険金と同額の満期保険金が支払われる保険をいう。
終身保険	契約期間が終了しない生命保険をいう。
逓増定期保険	保険期間の経過により、保険金額が5倍までの範囲で増える定期保険のうち、保険期間満了時における被保険者の年齢が45歳を超える保険をいう。
長期平準定期保険	下記の2つの要件を満たす保険をいう。 ・保険期間満了時の被保険者の年齢が70歳超 ・加入時の被保険者の年齢＋保険期間×2＞105
無解約返戻金型定期保険	保険期間を通じて解約返戻金がない定期保険で、解約返戻金のある定期保険よりも保険料が割安である。

解答　正解　A

A．不適切。医療保険は、医療機関の受診による医療費の負担分について一部または全部を保険者が給付する仕組みの保険で、生命保険ではなく第三分野保険に該当する。がんのみを保障の対象とした「がん保険」も第三分野の保険に該当する。

B．適切。生命保険に該当する。

C．適切。生命保険に該当する。

D．適切。生命保険に該当する。

85

19. 法人の事業活動のリスク管理

> **問19** 法人の事業活動のリスク管理に関する説明について、正しくないものはどれですか。

A．会社役員としての職務において行った行為や経営判断などに起因した損害賠償リスクに備えるためには、会社役員賠償責任保険でカバーする。

B．企業が製造・販売した商品の欠陥などの原因により、顧客の身体に障害が生じた場合等の損害賠償リスクに備えるためには、生産物賠償責任保険でカバーする。

C．従業員の業務上の災害により、労働者災害補償保険（政府労災保険）の補償範囲を超える損害賠償リスクに備えるには、施設所有（管理）者賠償責任保険でカバーする。

D．個人情報の漏えいによる、事故対応のための費用や損害賠償リスクに備えるには、個人情報漏えい保険でカバーする。

解　説

　法人の事業活動のリスク管理に関する保険の基本的な内容について理解する。

　法人の事業活動によるリスクを主にカバーする保険は次の通りである。

種　類	内　容
会社役員賠償責任保険 （D&O保険）	会社役員としての業務執行に起因して、損害賠償請求がなされることにより、会社役員が被る経済的損害を補償する。
生産物賠償責任保険 （PL保険）	企業が製造・販売した商品の欠陥などの原因により、顧客の身体を害したり、財物を破損した場合などの損害賠償を補償する。

第2章｜WM（ウェルスマネジメント）

種　類	内　容
個人情報漏えい保険	個人情報の漏えいにより、法律上の損害賠償責任を負担することによって被る被害と、謝罪広告やお詫び状作成費用などの事故対応のために支出する費用損害を補償する。
労働災害総合保険 （労災上乗せ保険）	従業員またはその遺族に対する労働者災害補償保険（政府労災保険）の補償を超えて賠償責任を負うこととなった場合の上乗せ分を補償する。
施設所有（管理）者 賠償責任保険	施設の所有・使用・管理または業務の遂行に伴って生じた偶然な事故により、顧客の身体・財産に損害を与えた場合の損害賠償を補償する。

解答　正解　C

A. 適切。会社役員としての職務において行った行為や経営判断などに起因して損害が生じたことにより、株主などからの損害賠償リスクに備えるためには、会社役員賠償責任保険（D&O保険）への加入が適している。

B. 適切。企業が製造・販売した商品の欠陥などの原因により、顧客の身体に障害が生じた場合や財物損壊が生じた場合等の損害賠償リスクに備えるためには、生産物賠償責任保険（PL保険）への加入が適している。

C. 不適切。施設所有（管理）者賠償責任保険は、施設の所有・使用・管理または仕事の遂行に伴って生じた偶然な事故により、他人の身体・財産に損害を与えた場合の損害賠償責任に備えるための保険である。従業員の業務上の災害による、労働者災害補償保険（政府労災保険）の補償範囲を超える損害賠償リスクに備えるには、労働災害総合保険（労災上乗せ保険）への加入が適している。

D. 適切。企業の利用会員の個人情報が漏えいしたことによる、事故対応のための費用損害や損害賠償リスクに備えるには、個人情報漏えい保険への加入が適している。

20. 投資政策書の役割

> **問20　投資政策書の役割について、正しくないものはどれですか。**

A．期待収益率とリスクの分析、投資のガイドラインの設定を行う。

B．顧客のファイナンシャルゴールを実現するため、リスク許容度に関係なく資産配分方針を決定する。

C．運用する資産クラスや金融商品の選択、運用成績の評価などの運用管理手続きを確立する。

D．運用のプロセスとファイナンシャルゴールについてのコミュニケーションを行うための手続きを確立する。

解　説

　投資政策書の記載内容と役割を理解する。

　投資政策書は、顧客が投資に関する意思決定を行うための裏付けとなる書類であり、投資の意思決定がなされる過程等が体系的かつ明確に記述される。またその内容に基づき、投資の意思決定が顧客のファイナンシャルゴールに沿ったものかを確認し、関係者間のコミュニケーションや顧客の投資教育にも役立てることができるなど、次のような役割がある。

役　割	内　容
目標の設定	・明確で定義可能な期待収益率の設定 ・期待収益率とリスク（標準偏差）の分析 ・投資のガイドラインの設定
資産配分方針の決定	・分散投資を実現し、顧客のファイナンシャルゴール、リスク許容度に即した資産配分を実現するための方針を決定 ・投資適合性診断結果に基づき、投資対象とする資産クラス、投資対象から除外する資産クラスを確定
運用管理手続きの確立	運用する資産クラス、金融商品の選択、インデックス対比での運用成績の評価等の運用管理手続きを確立
コミュニケーション手続きの確立	運用に関わるすべての関係者間で、運用のプロセス・ファイナンシャルゴールに関するコミュニケーションを行うための手続きを確立

解答　正解　B

A．適切。目標を設定するために、定義可能な期待収益率を設定し、その期待収益率とリスクの分析を行い、投資のガイドラインを設定する。

B．不適切。顧客のファイナンシャルゴールを実現するため、リスク許容度に即した資産配分方針を決定し、投資適合性診断結果に基づいて、投資対象の資産クラスと投資対象から除外する資産クラスを確定する。

C．適切。運用する資産クラスや金融商品の選択を行い、インデックス対比での運用成績の評価を行うなどの公正な運用成績測定の手法や運用管理手続きを確立する。

D．適切。運用に関わるすべての関係者間で、運用のプロセス・ファイナンシャルゴールに関するコミュニケーションを行うための手続きを確立する。

21. 投資政策書の利用メリット

> **問21　投資政策書を利用するメリットについて、正しくないものはどれですか。**

A．顧客とアドバイザー間で投資政策がルール化されることにより、規律に基づいた投資意思決定を行うことができるが、運用成績次第では、その時の気分により投資の意思決定を行うことができる。

B．金融危機が発生した場合など、その後の相場の乱高下しがちな運用環境下においても、慎重な投資の意思決定を行うことができる。

C．ファイナンシャルゴールと期待収益率を顧客と関係者との間で共有でき、投資政策に関する円滑なコミュニケーションを図ることができる。

D．投資の意思決定が投資政策書に基づいて行われることで、サービスが適切になされているかを記録する手段になり、運用損失が生じた場合の顧客からの訴訟リスクに対する法的な備えにもなる。

> **解　説**

投資政策書を利用することにより得られるメリットについて理解する。

投資政策書を利用することの主なメリットは、次の通りである。

- ・顧客とアドバイザー間で投資政策がルール化されることにより、感情に流されない規律に基づいた投資意思決定を行うことができる。
- ・運用成績を評価する手法が確立されるため、公正な運用成果の測定が可能となる。
- ・関係者間での誤解を避け、各関係者が何を行うべきかの役割が明確化される。

第2章｜WM（ウェルスマネジメント）

・ファイナンシャルゴールと期待収益率を顧客と関係者との間で
　共有できる。
・顧客と関係者との間での、投資政策に関する円滑なコミュニケー
　ションを図ることができる。
・金融危機前後の相場の乱高下など変動しがちな運用環境下にお
　いても、慎重な投資の意思の決定を行うことができる。
・投資の意思決定が投資政策書に基づいて行われ、顧客のファイ
　ナンシャルゴール実現のために、サービスが適切になされてい
　るかを記録する手段になり、運用損失が生じた場合の顧客から
　の潜在的な訴訟リスクに対する法的な備えになる。

解答　正解　A

A．不適切。顧客とアドバイザー間で投資政策をルール化することに
　　より、感情に流されない規律に基づいた投資意思決定が重要である。
　　その時の気分により投資の意思決定を行うことは望ましくない。

B．適切。金融危機前後の相場の乱高下など変動しがちな運用環境下
　　においても、慎重な投資の意思決定を行うことができる。

C．適切。ファイナンシャルゴールと期待収益率を顧客と関係者との
　　間で共有でき、各関係者が何を行うべきかの役割が明確化され、
　　投資政策に関する円滑なコミュニケーションを図ることができる。

D．適切。投資政策書に基づいて投資の意思決定が行われることで、
　　適切なサービスがなされているかを記録する手段になり、運用損
　　失が生じた場合の顧客からの訴訟リスクに対する法的な備えにも
　　なる。

91

22. 顧客との面談時の取得情報

> **問22** 投資政策書を作成する際には、顧客の個人・家族情報を入手後、顧客との面談を行い、書面での情報からは得ることのできない情報を収集するが、顧客との面談の際に、必ず取得すべき情報は次のうちどれですか。

A．ファミリーミッション

B．不動産に関する知識

C．税務に関する知識

D．経済見通しに関する知識

第2章 | WM(ウェルスマネジメント)

解　説

　顧客との面談は最も重要な情報収集の手段であるため、取得すべき情報について正しく理解する。

　顧客との面談で取得すべき情報は、次の通りである。

・ファミリーミッション
・ファイナンシャルゴール
・ファイナンシャルゴールを達成するに当たっての希望や不安
・運用期間
・退職時期
・短・中長期の資金収支計画
・リスク許容度
　　運用に関する考え方（元本の安全性、値上がり益、配当等）
　　期待収益率、予想リスクに関する選好
　　金融商品が短期間に乱高下した場合の対応
　　REIT、ヘッジファンド、コモディティへの投資の可否

解答　正解　A

A．適切。投資政策書の作成に必要な情報を収集するため顧客との面談を行う際、ファミリーミッションは、必ず取得しなければならない情報である。
B．不適切。不動産に関する知識は、顧客との面談を行う際に必ず取得しなければならない情報とはいえない。
C．不適切。税務に関する知識は、顧客との面談を行う際に必ず取得しなければならない情報とはいえない。
D．不適切。経済見通しに関する知識は、顧客との面談を行う際に必ず取得しなければならない情報とはいえない。

93

23. 投資政策書の作成

問23 顧客との面談等は、顧客のニーズを把握するための有効な手段であるが、顧客にとって最適な投資政策書を作成するうえで、適切なものはどれですか。

A. 保守型、安定型、標準型、成長型、積極型のモデルポートフォリオや、キャピタルゲイン、インカムゲインに関する選好は、市場の環境に応じてアドバイザーが顧客に提案する。

B. アドバイザーは、顧客に関する理解度を深めることにより、顧客がアドバイザーに対して抱く期待値とのギャップが大きくならないように留意する。

C. 顧客との初回の面談時における回答を通じて、顧客の真意を反映した最適な投資政策書を作成することができ、最良のサービスを提供することが可能となる。

D. 顧客のファイナンシャルゴールやリスク許容度は、時の経過に応じて変化する可能性は低いため、定期的な面談は不要である。

第2章 | WM（ウェルスマネジメント）

解　説

　アドバイザーが顧客にとって最適な投資政策書を作成するための、顧客との面談の仕方について理解する。

　顧客のファミリーミッションが反映され、ファイナンシャルゴールが達成可能な投資政策書を作成することが目標となるが、そのためには顧客のことを深く知り、フォローアップのための追加的な面談も必要となる。

解答　正解　B

A．不適切。アドバイザーは、顧客が保守型、安定型、標準型、成長型、積極型のどのモデルポートフォリオを希望するかを把握し、キャピタルゲイン、インカムゲインに関する選好を明確にする必要がある。

B．適切。顧客に関する理解度を深めることにより、顧客がアドバイザーに対して抱く期待値とのギャップが大きくならないように留意することが重要である。

C．不適切。顧客によっては、ファイナンシャルゴールやリスク許容度について、深く考えていない場合があるため、初回の面談だけでは、顧客の真意を反映した最適な投資政策書を作成することができない可能性がある。

D．不適切。顧客のファイナンシャルゴールやリスク許容度は、時の経過に応じて変化する可能性があるため、定期的に面談を行う必要があり、必要に応じてアップデートを行う必要がある。

95

24. 顧客の定期的な支出ニーズへの対応

> **問24** 顧客の収支状況は、投資政策書の策定において重要な考慮要因であるが、顧客の定期的な支出ニーズに応じた説明について、正しくないものはどれですか。

A. 顧客が定期的に不動産への投資を行う場合、一定の流動性を確保する資金準備が必要となる。

B. 顧客に定期的にまとまった支出ニーズがある場合、配当や利息などを生む運用資産に配分し、インカムゲインから支払いを行うことが考えられる。

C. 顧客の定期的な支出ニーズに応じて、キャピタルゲインが生じている運用資産を売却して資金を捻出することが考えられる。

D. 顧客の定期的な支出ニーズに対しては、プライベートエクイティ等のいつでも売却可能な資産を売却して支払いを行い、必要額を現預金やMMF等の運用資産から補てんする。

第2章 | WM（ウェルスマネジメント）

解　説

　顧客の定期的な支出ニーズに応じた資産配分方法などについて理解する。

　顧客の定期的な支出ニーズに応じた資産配分において、現預金やMMF等の短期金融勘定をどの程度組み込むべきかを決定するにあたっては、顧客の資産規模、将来の収入の安定性、保有している流動性資産の金額や借入可能額などのさまざまな要因を考慮する必要がある。

解答　正解　D

A．適切。顧客が定期的に不動産やプライベートエクイティ等の流動性の低い投資対象資産への投資を行う場合には、一定の流動性を確保するため、より多くの資金準備が必要となる。

B．適切。配当や利息などのインカムゲインを生む運用資産に資産配分し、インカムゲインから顧客の定期的な支出ニーズに応じた支払いを行うことが考えられる。

C．適切。キャピタルゲインが生じている運用資産を売却して資金を捻出し、顧客の定期的な支出ニーズに応じた支払いを行うことが考えられる。

D．不適切。顧客の定期的な支出ニーズに対しては、現預金やいつでも売却可能なMMF等の短期金融勘定から支払いを行い、その都度、必要額を他の運用資産のインカムゲインやキャピタルゲイン、元本の売却資金を用いて短期金融勘定に補てんする。

97

25. 顧客の目標運用利回りの設定

問25 投資政策書の策定において、資産配分方針を決定するための重要なプロセスである目標運用利回りの設定に関する説明について、正しくないものはどれですか。

A. 顧客がファイナンシャルゴールを達成するために高い目標運用利回りを必要とする場合、顧客のリスク許容度を考慮し、リスクとリターンのトレードオフの観点からその可否を判断する。

B. 資産配分のアドバイスにおいては、顧客がファイナンシャルゴールを達成するための目標運用利回りと、顧客のリスク許容度から導き出される目標運用利回りのバランスを図ることが必要である。

C. 顧客がフィナンシャルゴールを達成するための必要十分な資産を既に保有している場合は、積極的にリスクを取った積極型の運用スタイルが望ましい。

D. 資産配分案が、顧客のリスク許容度の範囲に収まらない場合には、顧客の期待値とのギャップが大きくなるため、当該顧客からの依頼を受託しないことが望ましい場合もある。

第2章｜WM（ウェルスマネジメント）

解　説

　目標利回りに関する顧客とのディスカッションが、顧客の目標運用利回りを把握し、資産配分方針を決定するための重要なプロセスであることを理解する。

　資産配分のアドバイスにおいては、顧客がファイナンシャルゴールを達成するための目標運用利回りと、顧客のリスク許容度から導き出される目標運用利回りのバランスを図ることが重要であり、顧客とのディスカッションを通じて、ファイナンシャルゴールの修正やリスク許容度の修正を図ることも必要となる。

解答　正解　C

A．適切。顧客がファイナンシャルゴールを達成するために高い目標運用利回りを必要とする場合、顧客のリスク許容度を考慮し、リスクとリターンのトレードオフの観点からその可否を判断するが、顧客のリスク許容度はアドバイザーの適切な説明により変化する可能性もある。

B．適切。資産配分のアドバイスにおいては、顧客がファイナンシャルゴールを達成するための目標運用利回りと、顧客のリスク許容度から導き出される目標運用利回りのバランスを図り、顧客の期待値とのギャップが大きくならないよう適切なコミュニケーションを図ることが重要である。

C．不適切。顧客がフィナンシャルゴールを達成するための必要十分な資産を既に保有している場合は、不必要なリスクを取ことによる資産減少により、ファイナンシャルゴールを達成できなくなる可能性があるため、保守的な運用スタイルが望ましい。

D．適切。資産配分案が、顧客のリスク許容度の範囲に収まらない場合には、顧客の期待値とのギャップが大きくなり、将来的に問題が生じる可能性があるため、当該顧客からの依頼を受託しないことも選択肢と考えられる。

99

26. 顧客の運用対象期間

問26　資産配分の検討においては、顧客の将来的な支出ニーズにより運用期間が制約されることになるが、運用対象期間に関する説明について、正しくないものはどれですか。

A. 運用期間が10年等の長期にわたる場合、運用期間が短期の場合に比べて、相対的にリスクを取ることが可能になる。

B. 子や孫などの教育資金として支出を行う場合の資産の運用は、教育資金が必要となる時期に満期を迎える資産での運用が適している。

C. 将来的に不動産を購入するための支出を行う場合の資産運用は、支出時点が確定しないため、顧客が購入の意思決定をするまでの期間で運用することができる。

D. 退職後の高額な医療費などの非日常的な支出に備える貯蓄も必要となるため、退職日からの余命を想定し、投資政策を退職前後で全く異なったものにすることは合理的である。

解　説

　顧客が将来的な支出ニーズに伴い資金の引き出しを行う場合、運用資産の一部は運用期間が制約されるため、資産配分はその制約を考慮すべき点について理解する。

　長期運用の効用と各種所要資金への備えは、次の通りである。

長期運用の効用	運用期間が10年等の長期にわたる場合には、運用期間が短期の場合に比べて、相対的にリスクを取ることが可能になり、運用利回りの平準化も期待できる。
教育資金への備え	子や孫などの教育に関する支出は教育を受ける子や孫の在学期間中を通じて発生するのが一般的である。したがって、教育費を支払うための資産の運用は、教育資金が必要となる時期に満期を迎える資産に投資する。

第2章 | WM（ウェルスマネジメント）

不動産購入資金への備え	将来的に不動産を購入するための支出は、支出時点が確定しないため、顧客が最終的に不動産の購入を決定するまで、不動産購入資金の運用を続けることができる。 将来的に不動産の相場が下落した場合には、相場が回復するまでの間、不動産の購入を延期することも可能である。
退職後の医療費用資金等への備え	退職後は、給与収入が得られなくなることにより、顧客のリスク許容度が変化することが見込まれる一方、退職後の高額な医療費などの非日常的な支出に備える貯蓄も必要となるので、必要に応じ資産配分の修正を行う。

解答　正解　D

A．適切。運用期間が10年等の長期にわたる場合には、運用期間が短期の場合と比較すると、相対的にリスクを取ることが可能となり、運用利回りの平準化も期待することができる。

B．適切。子や孫などの教育資金は、教育を受ける子や孫の在学期間中を通じて発生するのが一般的であるため、教育資金が必要となる時期に満期を迎える資産での運用が適している。

C．適切。将来的に不動産を購入するための支出は、支出時点が確定しないため、顧客が最終的に不動産の購入を決定するまで、不動産購入資金の運用を続けることができる。

D．不適切。退職後は、給与収入が得られなくなることにより、顧客のリスク許容度が変化することが見込まれる一方、退職後の高額な医療費などの非日常的な支出に備える貯蓄も必要となる。顧客の退職日からの余命を想定し、投資政策を退職前後で全く異なったものにすることは合理的ではなく、必要に応じて資産配分の修正を行うことが適当である。

27. 顧客のリスク許容度

> **問27**　顧客のリスク許容度を測定するための考慮要素に関する説明について、正しくないものはどれですか。

A．保有資産の流動性が低い場合、リスク許容度は低くなる。

B．借入金による依存度が大きい場合、リスク許容度が低くなる。

C．保険を活用したカバー率が高い場合、リスク許容度は低くなる。

D．顧客が希望する期待収益率や予想リスクが高い場合、リスク許容度は高くなる。

解　説

　顧客のリスク許容度に関する決定要因について理解する。

　顧客のリスク許容度を測定するための考慮要素は、次の通りである。

要　素	内　容
運用対象期間	現在の年齢と生命表による余命により、運用対象期間が決まり、運用対象期間が長い場合には、リスク許容度が高くなる。
保有資産の流動性	保有資産の流動性が低い場合、さまざまな支払いに備えた流動性を確保する必要があるため、リスク許容度は低くなる。
負債依存度	借入金等による負債依存度・利払い負担が大きい場合は、リスク許容度が低くなる。

第2章｜WM（ウェルスマネジメント）

要　素	内　容
収入・支出の見積もり	資産運用以外の収入による支出カバー率、収入の安定性が高ければ、リスク許容度は高くなる。
保険	顧客に万一のことがあった場合、家族の生活費や相続税の支払いについて、保険によるカバー率が高ければ、リスク許容度は高くなる。
運用に対する考え方	元本の安全性と値上がり益の追求はトレードオフの関係にあり、元本の安全性を重視する場合には、リスク許容度は低くなる。
期待収益率と予想リスク	期待収益率と予想リスクは比例するため、顧客が望む期待収益率や予想リスクが高い場合には、リスク許容度は高くなる。

解答　正解　C

A．適切。保有資産の流動性が低い場合には、さまざまな支払いに備えた流動性を確保する必要があり、リスク許容度は低くなる。

B．適切。借入金による依存度が大きい場合には、利払い負担も大きくなり、リスク許容度は低くなる。

C．不適切。保険を活用し、万一のことがあった場合の家族の生活費や相続税の支払い等のカバー率が高ければ、リスク許容度は高くなる。

D．適切。顧客が希望する期待収益率と予想リスクは比例するため、期待収益率や予想リスクが高い場合には、リスク許容度は高くなる。

28. 株式市場の代表的な指標

問28 株式市場の代表的な指標に関する説明について、正しいものはどれですか。

A. 日経平均株価は、東京証券取引所市場第一部に上場している全銘柄を対象として算出される。

B. 日経平均株価は、連続性を失わせないように株価の権利落ちなどを修正した平均株価である。

C. 東証株価指数（TOPIX）は、東京証券取引所市場第一部および市場第二部に上場している全銘柄を対象として算出される。

D. 東証株価指数（TOPIX）は、時価総額の大きい銘柄（大型株）の値動きよりも株価水準の高い銘柄（値がさ株）の値動きによる影響を受けやすい。

解　説

株式市場の代表的な指標である株価指数等について理解する。

株式市場の主な指標は、次の通りである。

指　標	内　容
単純平均株価	単純平均株価は、東京証券取引所に上場している全銘柄を対象に算出される平均株価である。増資による権利落ちや配当落ちが修正されないため、株価の連続性はない。
日経平均株価 （日経平均株価225種）	東証一部上場銘柄のうち、代表的な225銘柄を対象に算出される平均株価で、連続性を失わせないように、株価の権利落ちなどを調整して算出（ダウ式）される修正平均株価である。

第2章 | WM（ウェルスマネジメント）

指　標	内　容
東証株価指数 （TOPIX）	東証株価指数（TOPIX）は、東証一部に上場している全銘柄を対象として算出される時価総額指数（加重平均）で、1968年1月4日の時価総額を「100」とし、それと比較して、どれぐらい増減したかを指数化したものである。上場株式数のうち浮動株でウエイトをつけた時価総額指数（加重平均）であるため、時価総額の大きい銘柄（大型株）の値動きによる影響を受けやすい。
東証マザーズ指数	東証マザーズに上場している内国普通株式を対象とした時価総額加重平均型の株価指数で、東証株価指数（TOPIX）に準じた方法により算出している。
売買高（出来高）	売買が成立した株数のことで、一般的に「出来高」といい、1,000株の売りと1,000株の買いの売買が成立した場合、「出来高1,000株」として計算される。

解答　正解　B

A．不適切。日経平均株価（日経平均225）は、日本経済新聞社が発表しているもので、東京証券取引所市場第一部に上場している銘柄のうち主要な225銘柄の株価を平均して算出する。

B．適切。日経平均株価は、株価の連続性を失わせないよう、増資や株式分割、株価の権利落ちなどを考慮した修正平均株価である。

C．不適切。東証株価指数（TOPIX）は、東京証券取引所市場第一部に上場している内国普通株式の全銘柄を対象として算出される指標で、東京証券取引所市場第二部の銘柄は対象外である。

D．不適切。東証株価指数（TOPIX）は、上場株式数のうち浮動株でウエイトをつけた時価総額指数（加重平均）であるため、株価水準の高い銘柄（値がさ株）の値動きより、時価総額の大きい銘柄（大型株）の値動きによる影響を受けやすい。

29. 株式投資の投資尺度（１）

> **問29**　株式投資を行う際の投資尺度（PERとPBR）に関する説明について、正しいものはどれですか。

A．PERは、株価が１株当たり自己資本の何倍になっているかを示した指標である。
B．PBRは、株価が１株当たり純利益の何倍になっているかを示した指標である。
C．PERによる株価分析は、この値が高いほど割高と判断される。
D．PBRによる株価分析は、この値が大きいほど割安と判断される。

解　説

　株式投資を行う際の投資尺度である「PER」と「PBR」について理解する。

　投資尺度として用いられるPERとPBRの内容は、次の通りである。

【株価収益率（PER：Price to Earnings Ratio）】
株価（市場価格）を１株当たりの純利益で割った指標で、株価が１株あたりの純利益の何倍になっているかを示している。この値が高ければ、企業が上げている利益に対して株価は割高、低ければ割安と判断され、計算式は次の通りである。

$$株価収益率（倍）＝ \frac{株価（市場価格）}{１株当たり純利益}$$

第2章│WM(ウェルスマネジメント)

【株価純資産倍率（PBR：Price to Book Ratio）】
株価（市場価格）を1株当たりの自己資本（純資産）で割った指標で、その企業の解散価値にあたる自己資本（純資産）と株価の比率を示している。この値が「1」を下回ることは、株価が企業の解散価値以下になることを意味する。この値が大きければ株価は割高、小さければ株価は割安と判断され、割安株（バリュー株）を定義する際の基準として用いられる。計算式は次の通りである。

$$株価純資産倍率（倍）= \frac{株価（市場価格）}{1株当たり自己資本（純資産）}$$

解答　正解　C

A. 不適切。PERは、株価を1株当たりの純利益で割ったもので、株価が1株当たり純利益の何倍になっているかを示している。

B. 不適切。PBRは、株価を1株当たりの自己資本（純資産）で割ったもので、株価が1株当たり自己資本（純資産）の何倍になっているかを示している。

C. 適切。PERによる株価分析では、この値が高ければ、企業が上げている利益に対して株価は割高と判断される。

D. 不適切。PBRは、企業の解散価値に当たる自己資本（純資産）と株価の比率を示している。この値が大きいほど株価は割高と判断される。

107

30. 株式投資の投資尺度（２）

問30　投資尺度や企業価値の評価分析に関する指標の説明について、正しくないものはどれですか。

A．株価売上高比率は、株価が１株当たり売上高の何倍になっているかを示した指標である。

B．自己資本利益率は、自己資本に対する当期純利益の割合を示した指標である。

C．総資本利益率は、総資本に対する当期営業利益の割合を示した指標である。

D．配当性向とは、株価に対する１株当たり配当金の割合を示した指標である。

解　説

　株価を基準とした指標や、企業価値の評価分析に用いられる代表的な指標について理解する。

　株価を基準とした指標や、企業価値の評価分析に用いられる収益率は、次の通りである。

【株価売上高比率（PSR：Price to Sales Ratio）】
株価を１株当り売上高で割った指標で、当期純利益がゼロやマイナスの場合など、株価収益率（PER）が価値判断尺度として利用できない場合に用いる指標である。この値が高ければ、企業が上げている売上高に対して株価は割高、低ければ割安と判断され、計算式は次の通りである。

$$株価売上高比率（倍）＝\frac{株価（市場価格）}{１株当たり売上高}$$

【自己資本利益率（ROE：Return on Equity）】
当期純利益（株主に帰属する利益）を自己資本（純資産）で割った指標で、株価を基準とした指標とは異なり、株主が提供している資金を企業がどの程度効率的に活用し利益を上げているかを示

第2章｜WM（ウェルスマネジメント）

す指標である。この値が高ければ、資金の活用効率が高く、低ければ活用効率が低いと判断され、計算式は次の通りである。

$$自己資本利益率（\%）= \frac{当期純利益}{自己資本}$$

【総資本利益率（ROA：Return on Asset）】
当期の営業利益（株主と債権者に帰属する利益）を総資本（自己資本＋他人資本）で割った指標で、企業のすべての資本提供者（株主および債権者）が提供している資金を企業がどの程度効率的に活用し利益を上げているかを示す指標である。この値が高ければ、資金の活用効率が高く、低ければ活用効率が低いと判断され、計算式は次の通りである。

$$総資本利益率（\%）= \frac{当期営業利益}{総資本（自己資本＋他人資本）}$$

【配当性向（DPR：Dividend Payout Ratio）】
当期純利益に対する株主配当の割合を示した指標で、当期純利益のうち株主へ配当としてどの程度還元しているかを示す指標である。この値が高ければ、株主への利益還元の傾向が強く、低ければ、内部留保の割合が高いと判断され、計算式は次の通りである。

$$配当性向（\%）= \frac{株主配当額}{当期純利益}$$

解答　正解　D

A．適切。株価売上高比率は、株価を1株当り売上高で割った指標で、株価が1株当たり売上高の何倍になっているかを示している。

B．適切。自己資本利益率は、当期純利益（株主に帰属する利益）を自己資本（純資産）で割った指標で、自己資本に対する当期純利益の割合を示している。

C．適切。総資本利益率は、当期の営業利益（株主と債権者に帰属する利益）を総資本（自己資本＋他人資本）で割った指標で、総資本に対する当期営業利益の割合を示している。

D．不適切。配当性向とは、当期純利益に対する株主配当の割合を示した指標である。株価に対する1株当たり配当金の割合を示した指標は、配当利回りである。

109

31. EBITDA比率

問31 株式投資において、株価の価値を測る指標として、EBITDA比率があるが、Z社のEVおよびEBITDAが下記の通りである場合、Z社のEBITDA比率として、正しいものはどれですか。

EV：4,767億円
EBITDA：当期純利益＋支払利息＋法人税等＋減価償却費
　当期純利益：358億円　法人税等：238億円　支払利息：187億円
　減価償却費：202億円

A．0.21倍
B．0.23倍
C．4.67倍
D．4.75倍
E．4.84倍

第2章｜WM（ウェルスマネジメント）

解　説

　EBITDA比率の計算方法や、その値による株価の価値判断などについて理解する。

　EBITDA比率とは、EV（企業の買収に要する株式の時価総額と純負債の合計）を、EBITDA（営業利益と減価償却費の合計）で除したものである。EBITDA比率が高いほど、企業の株価は高く価値も高いと判断され、M&Aの際にも参考とされる。

$$\text{EBITDA比率（倍）} = \frac{\text{EV}}{\text{EBITDA}}$$

・EBITDA（支払利息、法人税、減価償却費控除前利益　Earnings Before Interest, Taxes, Depreciation and Amortization）は、「本業の収益力（当期純利益＋支払利息＋法人税等＋減価償却費）」を示す指標で、企業買収における買収価格の割高・割安の判断指標とされる。

・EV（企業価値　Enterprise Value）とは、株式時価総額＋純負債（有利子負債－現預金）を指す。

解答　正解　E

　EBITDAは「当期純利益＋支払利息＋法人税等＋減価償却費」により算出される。

　Z社のEBITDAは、「985億円（当期純利益358億円＋支払利息187億円＋法人税等238億円＋減価償却費202億円）」、EVは「4,767億円」であるので、EBITDA比率は、次の通りとなる。

$$\text{EBITDA比率（倍）}：\frac{4,767億円}{985億円} ≒ 4.84倍$$

したがって、正解はEである。

111

32. 割引債の価格

問32　債券投資において、額面100円、割引率年２％、３年満期の割引債の価格について、正しいのはどれですか。

A．94.00円

B．94.23円

C．96.11円

D．98.00円

第2章｜WM（ウェルスマネジメント）

解　説

　債券投資における割引債の債券価格の計算方法について理解する。

　一定期間後に満期の到来する割引債（満期時点で確実に額面100円が支払われる債券）の価格は、次の通り計算する。

$$割引債の価格＝\frac{額面金額}{（1＋割引率）^{満期までの年数}}$$

解答　正解　B

　割引債の額面が100円、割引率年２％、満期まで３年の場合、割引債の価格は、次の通りである。

$$割引債の価格＝\frac{100円}{（1＋0.02）^3}≒94.23円$$

　したがって、正解はBである。

33. 利付債の価格

問33　債券投資において、額面100円、クーポンレート年２％、５年満期の利付債について、最終利回りを年３％とした場合の債券価格について、正しいものはどれですか。

A．83.74円

B．88.79円

C．90.57円

D．95.65円

第2章｜WM（ウェルスマネジメント）

解　説

　債券投資における利付債の債券価格の計算方法について理解する。

　一定期間後に満期の到来する利付債（満期時点で確実に額面100円が支払われる債券）の価格は、次の通り計算する。

$$利付債の価格＝\frac{（クーポン×所有年数＋額面金額）}{（1＋最終利回り×所有年数）}$$

解答　正解　D

　利付債の額面が100円、クーポンレート年2％、満期まで5年、最終利回り年3％の場合、年間のクーポンは「2円（100円×2％）」となり、利付債の価格は次の通りである。

$$利付債の価格：\frac{（2円×5＋100円）}{（1＋0.03×5）}≒95.65円$$

　したがって、正解はDである。

34. 債券の利回り

> **問34**　債券の利回りに関する説明について、正しくないものはどれですか。なお、いずれも単利・年率による利回りとし、手数料、経過利子、税金等については考慮しないものとする。

長期国債10年物
額面金額：100.00円
表面利率：2.00%
発行価格：99.00円
４年後の債券価格：101.50円

A．新規発行時に購入した場合の応募者利回りは「2.12%」である。

B．新規発行時に購入した場合の直接利回りは「2.02%」である。

C．新規発行時に購入し、４年後に額面100円当たり101.50円で売却した場合の所有期間利回りは「2.65%」である。

D．発行から４年後に額面100円当たり101.50円で購入し、償還まで保有した場合の最終利回りは「1.60%」である。

解　説

債券投資の尺度となる利回りについて理解する。

債券投資の尺度となる利回りは、次の通りである。

利回り	内　容	計算方法
応募者利回り	新規に発行された債券を購入し、償還期限まで保有していた場合の利回りをいう。	$\dfrac{\text{表面利率} + \dfrac{\text{額面金額} - \text{発行価格}}{\text{償還期間}}}{\text{発行価格}} \times 100$

第2章｜WM（ウェルスマネジメント）

利回り	内　容	計算方法
直接利回り	投資金額に対して毎年いくらの利息収入があるかをみる利回りをいう。	$\dfrac{表面利率}{発行価格} \times 100$
所有期間利回り	購入した債券を一定期間所有したのちに売却した場合の利回りのことをいう。	$\dfrac{表面利率 + \dfrac{売却価格 - 発行価格}{所有期間}}{発行価格} \times 100$
最終利回り	購入した債券を償還期限まで保有した場合の利回りのことをいう。	$\dfrac{表面利率 + \dfrac{額面金額 - 購入価格}{残存期間}}{購入価格} \times 100$

解答　正解　D

A．適切。応募者利回りは、 $\dfrac{2.00 + \dfrac{100.00 - 99.00}{10}}{99.00} \times 100 ≒ 2.12\%$ である。

B．適切。直接利回りは、 $\dfrac{2.00}{99.00} \times 100 ≒ 2.02\%$　である。

C．適切。所有期間利回りは、 $\dfrac{2.00 + \dfrac{101.50 - 99.00}{4}}{99.00} \times 100 ≒ 2.65\%$ である。

D．不適切。最終利回りは、 $\dfrac{2.00 + \dfrac{100.00 - 101.50}{6}}{101.50} \times 100 ≒ 1.72\%$ である。

35. 債券投資のリスク（1）

> **問35** 債券投資における価格変動リスク、金利変動リスクに関する説明について、正しいものはどれですか。

A．表面利率が高い債券は、表面利率が低い債券に比べて、金利変動による価格変動リスクが大きい。

B．利付債および割引債は、市場金利が上昇するとそれに応じて債券価格も上昇し、債券の利回りは低くなる。

C．償還期限までの残存期間が長い債券は、短い債券に比べて金利変動による価格変動リスクが大きい。

D．イールドカーブが順イールドであるとき、残存期間の長い債券は、残存期間が短い債券よりも利回りが低くなる。

解　説

債券投資における、価格変動リスク、金利変動リスクについて理解する。

債券市況の変動要因は次の通りである。

債券市況 ＼ 要因	国内景気		国内物価		為替	
	回復	後退	上昇	下落	円安	円高
利回り	↗	↘	↗	↘	↗	↘
債券価格	↘	↗	↘	↗	↘	↗

※実際には、この通りに動かないケースもある。

市場金利が上昇すると、保有する債券を売って他の有利な金利商品に乗り換える動きが出るため、以前から流通していた債券の価格は下落する。一方、市場金利が低下すると、有利な金利の債券を買う動きが出るため、債券の価格は上昇する。

第2章 | WM（ウェルスマネジメント）

解答 正解 C

A. 不適切。市場の金利が変動した場合、表面利率の低い債券の方が表面利率の高い債券に比べて表面利率に占める市場金利の変動幅の割合が高いため、一般的に他の条件を同じとすると、表面利率の高い債券よりも表面利率の低い債券の方が、金利の変動に対する価格変動幅は大きい。

B. 不適切。利付債および割引債は、市場金利が上昇すると、以前から流通していた債券価格が下落することで利回りが調整され、結果として、利回りは上昇する。一方、市場金利が低下すると債券価格が上昇し、利回りは低下する。

C. 適切。償還期限までの期間が短くなるにつれて、債券価格は徐々に額面金額に収斂されるため価格変動幅は小さくなる。よって、一般的に他の条件を同じとすると、償還期限までの残存期間の短い債券よりも残存期間の長い債券の方が、金利変動による債券価格の変動幅が大きい。

D. 不適切。イールドカーブが順イールド（長期金利が短期金利を上回っている状態）であるとき、残存期間の長い債券は、残存期間が短い債券よりも利回りが高くなる（長期債券が短期債券の利回りを上回る）。一方、逆イールド（短期金利が長期金利を上回っている状態）であるとき、残存期間の長い債券は、残存期間が短い債券よりも利回りは低くなる（短期債券が長期債券の利回りを上回る）。

36. 債券投資のリスク（2）

> **問36　債券投資のリスクに関する説明について、正しくないものはどれですか。**

A．債券の発行体の財務状況などにより利払いや償還金の支払いが不履行となるリスクを、信用リスク（デフォルトリスク）という。

B．債券の取引高が少ないことなどのため、市場における取引ができなくなったり、通常よりも著しく不利な価格で取引せざるを得なくなるリスクを、市場リスクという。

C．外国債券の場合、債券の発行体が属する国の地域の経済・政治環境の変化に起因する影響も考慮する必要があり、国全体の経済や政治の不安定性のリスクを、カントリーリスクという。

D．外国債券の場合、外国の通貨で利息や償還金が支払われるため、受取時点における為替相場の水準によっては、円建換算した投資利回りが低下するリスクを、為替リスクという。

解　説

債券投資に伴うリスクについて理解する。

債券投資に伴う主なリスクは、次の通りである。

リスク	内　容
信用リスク	債券の発行体が当初に約束した、債券の利払いや償還が不履行（利払いや償還が遅延することも含まれる）となるリスク（デフォルトリスク、債務不履行）をいう。
市場リスク（マーケットリスク）	金利や債券価格の変動や為替等の変動など、市場取引の動向により、保有する資産に損失が発生するリスクのことをいう。
流動性リスク	外国債券など、取引高（流通量）が少ないなどの理由により、売却しようと思った際に、すぐに市場で売却できなかったり、通常よりも著しく不利な価格で取引せざるを得なくなるリスクをいう。

第2章｜WM（ウェルスマネジメント）

リスク	内　容
カントリー リスク	外国債券の場合、その発行体の所在する国・地域の経済・政治環境の変化に起因する影響を考慮に入れる必要があり、国全体の経済や政治の不安定性のリスクをいう。
為替リスク	外国通貨建の債券に投資する場合、発行される債券の通貨に対し、購入時よりも為替相場が円高になれば損失が生じるリスクをいう。

解答　正解　B

A. 適切。債券の発行体の財務状況などにより、債券の利払いや償還金の支払いが不履行（利払いや償還が遅延することも含まれる）となるリスクを、信用リスク（デフォルトリスク）という。

B. 不適切。市場リスク（マーケットリスク）とは、金利や債券価格の変動や為替等の変動など、市場取引の動向により、保有する資産に損失が発生するリスクをいう。債券などの取引高（流通量）が少ないなどの理由で、市場ですぐ売却できなかったり、希望した価格で売却できないため、通常よりも著しく不利な価格で取引せざるを得なくなるリスクを、流動性リスクという。

C. 適切。外国債券の場合は、その発行体の所在する国・地域の経済・政治環境の変化に起因する影響も考慮に入れなければならず、このような国全体の経済や政治の不安定性のことを、カントリーリスクといい、カントリーリスク情報は、国内外の格付機関や調査機関等から発表されている。

D. 適切。外国債券のうち、外国の通貨で利息や償還金が支払われるタイプのものは、それぞれの受取時点の為替相場の水準によっては、為替差損が生じるため、円建換算した投資利回りは低下し、元本割れする可能性もある。このようなリスクを、為替リスクという。

121

37. 債券投資の格付け

> **問37** 債券投資の格付けに関する説明について、正しくないものはどれですか。

A. 債券発行体の財務健全性を判断する場合に参考になる指標として、民間の第三者機関が公表する格付けがあるが、BBB以上を投資適格債、BB以下を投資不適格債という。

B. 格付けの高い債券は、格付けの低い債券に比べて債券価格は高く利回りも高い。

C. 同じ企業が複数の回にわたり債券を発行する場合には、債券の格付けは発行時期や利率により異なる場合がある。

D. 格付けは、債券の信用度を判断する場合に参考となる指標であるが、同じ企業の債券でも格付機関によって格付けに差がある場合がある。

> ### 解　説

　投資家が債券の信用力を判断する際の格付けについて理解する。

　債券の格付けは、格付会社（格付機関）が債券の発行体の信用力を評価して、簡単な記号で表したもので、この格付けを確認することにより、発行体の信用力を計る目安にすることができる。

　R&I（格付投資情報センター）による、発行体格付の格付記号と定義は、次の通りである。

格付記号	定　義
AAA	信用力は最も高く、多くの優れた要素がある。
AA	信用力は極めて高く、優れた要素がある。
A	信用力は高く、部分的に優れた要素がある。
BBB	信用力は十分であるが、将来環境が大きく変化する場合、注意すべき要素がある。
BB	信用力は当面問題ないが、将来環境が変化する場合、十分注意すべき要素がある。
B	信用力に問題があり、絶えず注意すべき要素がある。
CCC	信用力に重大な問題があり、金融債務が不履行に陥る懸念が強い。
CC	発行体のすべての金融債務が不履行に陥る懸念が強い。
D	発行体のすべての金融債務が不履行に陥っていると判断される。

解答　正解　B

A．適切。債券発行体の財務健全性を判断する場合に、民間の第三者機関（R&IやS&Pなど）が発表する格付けがあるが、一般に、トリプルB（BBB/Baa）以上の格付けが付されている債券を「投資適格債券」、ダブルB（BB）以下の格付けが付されている債券を、「投資不適格債（ジャンク債・ハイイールド債）」という。

B．不適切。格付けが高い債券は、格付けが低い債券に比べて人気が高いため、債券価格は高くなり、その結果として利回りは低くなる。

C．適切。債券は、発行体が同一の債券であっても、複数回にわたり債券を発行する場合、発行時期や償還期限までの期間、利率が異なることなどを理由として、格付けが異なる場合がある。

D．適切。格付けは、債券の信用度を判断する場合に参考となる指標であるが、同じ企業の債券でも格付機関によって格付けに差がついたり、発行会社の経営状態の変化などにより、格付けが短期間に何段階も見直される場合がある。

38. 転換社債

> **問38　転換社債に関する説明について、正しいものはどれですか。**

A. 転換社債は、株式に転換することができるという収益性が高い商品であるため、通常の社債に比べて、表面利率が高めに設定されている。

B. 転換社債を株式に転換する際の転換価格は、転換社債の発行時に決定され、満期時まで変更されることはない。

C. 転換社債の利子は、通常の債券と同様に利子所得として源泉分離課税の対象となり、転換社債の償還差益は非課税である。

D. 転換社債は、債券としての価値も持ち合わせているため、株式ほど値下がりのリスクが大きくない。

> ### 解　説

　転換社債（転換社債型新株予約権付社債：CB：Convertible Bond）の特徴について理解する。

　転換社債は、発行時に定められた一定条件で発行会社の株式に転換することができる社債であり、その主な特徴は次の通りである。

- ・転換社債は、本来債券であるため、満期まで債券として保有することもでき、一定期間内はいつでも株式に転換できる。
- ・株式に転換する際の転換価格は、転換社債発行時に決定され、原則として満期時まで変更されることはないが、株式分割や増資による権利落ちの際など、一定条件の下で転換価格は修正が行われる。
- ・転換社債は債券としての側面と株式としての側面の両方を持っているため、債券の安全性と、市場での値上がり益が期待できる株式の収益性を併せ持つ金融商品である。

第2章｜WM（ウェルスマネジメント）

・転換社債の利払いは、年1回ないしは2回となっており、株式
に転換できるという特典があるため、転換社債の表面利率は一
般に普通社債の利率よりも低めに設定される。
・転換社債の利子は源泉分離課税（20.315%）、転換社債の譲渡益
は株式と同様に申告分離課税、満期まで保有した場合の償還差
益は雑所得として総合課税の対象となる。

解答　正解　D

A．不適切。転換社債は、株式に転換することができる権利がある分、
表面利率が低めに設定されている。

B．不適切。転換社債を株式に転換する際の転換価格は、転換社債の
発行時に決定され、原則として満期時まで変更されることはない。
ただし、株式分割や増資による権利落ちなど、現在の株主に対す
る優遇措置が生じた場合には、希薄化防止条項などにより転換価
格の修正が行われる。

C．不適切。転換社債の利子は、債券の利子と同様に源泉分離課税
（20.315%）の対象となるが、償還差益は、雑所得として総合課税
の対象となる。

D．適切。株式に転換できる権利があっても、債券としての価値があ
るため、株式ほど値下がりのリスクは大きくない。

39. 転換社債の転換株数

問39　転換社債の時価が120万円、額面金額100万円、株価880円、転換価格800円である場合、株式への転換権を行使した際の取得株式数として、正しいのはどれですか。

A．1,136株

B．1,250株

C．1,363株

D．1,500株

第2章｜WM（ウェルスマネジメント）

解　説

　転換社債を株式に転換する際の、転換株式数の計算要領について理解する。

　株式に転換する際の転換価格は、転換社債発行時に決定され、原則として満期時まで変更されることはないが、期間内の決定日に一定の条件のもとに転換価格が修正される、上方または下方修正条項付の転換社債が発行されている。なお、転換社債を株式に転換する際の計算要領は次の通りである。

$$転換株数の算式：\frac{額面金額}{転換価格}=転換株数（端数は切り捨て）$$

解答　正解　B

　転換社債の額面金額は100万円、転換価格が800円の転換社債の転換請求権を行使した場合に取得できる株式数については、次の通りである。

$$転換株数：\frac{額面金額100万円}{転換価格800円}=1,250株$$

　したがって、正解はBである。

40. 転換社債のパリティ

問40 転換社債のパリティおよびパリティ乖離率の組み合わせとして、正しいものはどれですか。なお、計算にあたっては、小数点以下第3位を四捨五入することとする。

SA社普通転換社債（10年満期）
額面金額：100万円
表面利率：1.50%
時　　価：102.80円
転換価格：900円
株　　価：950円
残存期間：6年
発行価格：99.50円

A．パリティ　　　94.74円　　　パリティ乖離率▲8.51%
B．パリティ　　　96.79円　　　パリティ乖離率▲6.21%
C．パリティ　　103.32円　　　パリティ乖離率▲0.50%
D．パリティ　　105.56円　　　パリティ乖離率▲2.61%

解　説

　転換社債独自の評価や投資尺度であるパリティおよびパリティ乖離率について理解する。

　転換社債独自の評価と投資尺度は、次の通りである。

第2章｜WM(ウェルスマネジメント)

【パリティ】

　転換社債を購入し株式に転換した場合と現物の株式を購入したときの1株あたりの投資コストが同一となる水準の転換社債の価格のことである。転換社債投資は、このパリティを基準とし、時価がパリティを上回っていれば、転換社債のまま売却する方が有利となり、時価がパリティを下回っていれば、株式転換後に売却した方が有利と判断する。なお、パリティの計算式は次の通りである。

$$パリティ（円）= \frac{株価}{転換価格} \times 100$$

【パリティ乖離率】

　パリティ乖離率とは、実際の転換社債の時価がパリティとどのくらい乖離しているかを見る投資指標をいい、このパリティ乖離率が低ければ株式としての価値が重視されており、逆にパリティ乖離率が高ければ債券としての価値が重視されていると判断する。なお、パリティ乖離率の計算式は次の通りである。

$$パリティ乖離率（\%）= \frac{（転換社債時価－パリティ）}{パリティ} \times 100$$

解答　正解　D

　SA社の普通転換社債の株価は950円、転換価格が900円であるため、パリティは次の通りとなる。

$$パリティ（円）：\frac{950円}{900円} \times 100 ≒ 105.56円$$

　また、SA社の普通転換社債のパリティは、上記より「105.56円」、転換社債の時価は102.80円であるため、パリティ乖離率は次の通りとなる。

$$パリティ乖離率（\%）= \frac{（102.80円－105.56円）}{105.56円} \times 100 ≒ ▲2.61\%$$

したがって、正解はDである。

41. 投資信託

> **問41　投資信託の運用に関する説明について、正しくないものはどれですか。**

A. インデックス・ファンドとは、その値動きが日経平均株価やTOPIXといったベンチマークに連動するように設計されたファンドである。

B. アクティブ・ファンドとは、日経平均株価やTOPIXといったベンチマークを設定し、これを上回る収益の獲得を目的として運用されるファンドである。

C. 市場の効率性が高いとした場合には、アクティブ・ファンドを選択した運用が合理的である。

D. パッシブ運用は、経済、金利の動向や企業調査等を踏まえ、ベンチマークに連動する運用成果を目指す運用スタイルである。

解　説

　投資信託の運用スタイルや運用手段について理解する。

　投資信託の運用スタイルは、パッシブ運用とアクティブ運用に大別され、その運用手段は、インデックス・ファンドとアクティブ・ファンドによる。

運用スタイル	内　容
パッシブ運用	日経平均株価やTOPIXといった、あらかじめ定められたベンチマーク（指標）に連動するような運用成果を目指す運用スタイルである。 その運用手段として、ベンチマークに連動するように設計されたポートフォリオがインデックス・ファンドである。
アクティブ運用	日経平均株価やTOPIXといった、あらかじめ定められたベンチマークを上回る収益の獲得を目指す運用スタイルである。 ベンチマークを上回る収益を獲得するために、運用者の運用能力を生かして積極的に運用するのがアクティブ・ファンドである。

　パッシブ運用とアクティブ運用の運用方法の相違は、市場の効率性や市場アノマリー（市場の変則性）に関連している。さまざまな情報

第2章 | WM（ウェルスマネジメント）

が証券の価格に即座に反映される状況を市場が効率的であるといい、市場の効率性が高い状況では、市場全体のリターンを上回る運用収益の獲得は難しいため、インデックス・ファンドでの運用が適している。一方、市場が非効率である場合には、非効率性を利用して、市場全体のリターンを上回る運用収益の獲得を目指した、アクティブ・ファンドでの運用が適している。

したがって、アクティブ運用では、企業の収益水準や将来性が株価に適正に反映されておらず、相対的に割安と見られる銘柄を選択するバリュー投資スタイルや、各銘柄の成長性を重視し市場平均に比べてPERやPBRの高い銘柄を選択するグロース投資スタイルが採用される。

解答　正解　C

A. 適切。インデックス・ファンドとは、その値動きが日経平均株価やTOPIXといったベンチマークに連動するように設計された投資信託であり、運用成果がベンチマークの収益率に連動するほど、運用成果が優れていると判断される。

B. 適切。アクティブ・ファンドとは、日経平均株価やTOPIXといったベンチマークを設定し、これを上回る収益の獲得を目的として、運用者の運用能力を生かして積極的に運用するファンドである。

C. 不適切。市場の効率性が高い状態とは、証券などの価格に影響を与える情報が、即座に価格に反映されてしまう状態（効率的市場）をいい、この状況では市場平均を上回る運用は難しいため、インデックス・ファンドのように、ベンチマークに連動する運用を選択した方が合理的である。

D. 適切。投資信託の運用スタイルは、パッシブ運用とアクティブ運用に大別され、日経平均株価やTOPIXといったベンチマーク（指数）に連動するような運用成果を目指すのをパッシブ運用、ベンチマーク（指数）を上回る運用成果を目指すのをアクティブ運用という。

42. 上場投資信託（ETF）

> **問42**　上場投資信託（以下「ETF」という）に関する説明について、正しくないものはどれですか。

A．ETFは、上場株式等と同様な取引がどこの証券会社でもでき、指値注文・成行注文、信用取引もできる。

B．ETFの譲渡益、配当に係る税金は、上場株式等とほぼ同じであるが、ETFの分配金は配当控除の対象外となる点が異なる。

C．ETFは、契約型の投資信託で、株価指数や商品指数などに連動するインデックス・ファンドである。

D．ETFを購入するためには、証券会社に口座を開設する必要があり、証券会社を通して売買を行う。

解　説

　上場投資信託（ETF：Exchange Traded Funds）について理解する。

　上場投資信託（ETF）は、投資信託の一種で、証券取引所に上場されたもので、日経平均株価やTOPIXなどの株式指数連動型上場投資信託とコモディティ価格やその他の指数に連動した上場投資信託に区分される。

　上場投資信託（ETF）は、証券取引所に上場されているので、個別銘柄株式の売買と同じように、証券会社を通して取引を行う。

　上場投資信託（ETF）の譲渡益は、株式等と同様に譲渡所得として申告分離課税の対象となる。また、分配金については、配当所得として総合課税または申告分離課税を選択できる。

第2章｜WM(ウェルスマネジメント)

その他の特徴としては、次の点が挙げられる。

- ・商品のラインナップが豊富である。
- ・流動性の仕組みを備えている（取引所に上場）。
- ・少額売買が可能である（少額での分散投資が可能）。
- ・空売り、レンディングが可能である。

解答　正解　B

A. 適切。投資信託は、注文日の取引終了後の基準価格により約定されるが、ETFは、上場株式等と同様に取引することができ、指値注文・成行注文等も可能である。

B. 不適切。ETFの譲渡益や分配金に係る税金は、上場株式等と同様に、譲渡益は譲渡所得として申告分離課税の対象となり、分配金は配当所得として総合課税（配当控除可能）または申告分離課税（株式の譲渡損との通算可能）を選択できる。

C. 適切。ETFは、株価指数（日経平均株価やTOPIXなど）や商品指数などに連動するインデックス・ファンドであり、現物資産の裏付けのある上場投資信託である。

D. 適切。ETFは、証券取引所に上場されているので、個別銘柄株式の売買と同様に、証券会社に口座を開設し、証券会社を通して取引を行う。

133

43. 不動産投資信託（REIT）

問43　国内に上場されている不動産投資信託（以下「REIT」という）に関する説明について、正しくないものはどれですか。

A．REITは、不動産投資法人が多くの投資家から資金を集めて運用するため、個人では難しい複数の不動産への分散投資が可能となる。

B．REITは、クローズドエンド型の投資信託であるため、原則として中途解約することはできないが、証券取引所に上場されているので、市場で売却することが可能であるため、流動性は確保されている。

C．REITの分配金は、上場株式等と同様に原則として配当所得として課税されるため、配当控除の適用を受けることができる。

D．REITを譲渡したことによる譲渡益は、上場株式等と同様に譲渡所得として課税され、譲渡損失が生じた場合には、分配金などと損益通算することもできる。

解　説

　不動産投資信託（REIT：Real Estate Investment Trust）について理解する。

　不動産投資信託（REIT）は、不動産投資法人が多くの投資家から資金を集めて不動産で運用し、運用収益から得られる収益に対する権利を小口に分割して証券化したものである。不動産投資信託（REIT）を活用することにより、資産規模の小さい投資家であっても、さまざまな種類の不動産に分散投資を行うことが可能となる。また、不動産投資信託（REIT）は、一般の株式のように証券取引所で売買することも可能であるため、流動性も比較的容易に確保することができる。不動産に直接投資する方法とは異なる、柔軟で効率的な運用手段といえる。

　不動産投資信託（REIT）は、証券取引所に上場されているので、個

第2章│WM(ウェルスマネジメント)

別銘柄株式の売買と同じように、証券会社を通して取引を行う。

　不動産投資信託（REIT）の譲渡益は、株式等と同様に譲渡所得として申告分離課税の対象となる。また、分配金については、配当控除の対象とはならないが、申告分離課税（株式の譲渡損との通算が可能）が選択できる。

解答　正解　C

A．適切。REITは、不動産投資法人が多くの投資家から資金を集めて不動産で運用するため、個人では難しい複数の不動産への分散投資が可能となり、ポートフォリオに不動産投資を加えることによりリスク分散効果を高めることもできる。

B．適切。REITは、クローズドエンド型の投資信託であるため、原則として中途解約することはできないが、一般の株式と同様に証券取引所に上場されているので、市場で売却することが可能であるため、流動性も確保されている。

C．不適切。REITの分配金は、上場株式等と同様に原則として配当所得として課税されるが、投資法人は、分配金の全額を損金算入することができ、二重課税とはならないため、配当控除の適用を受けることはできない。

D．適切。REITの譲渡に伴う譲渡益は、譲渡所得として申告分離課税の対象となり、譲渡損失が生じた場合には、分配金などとの損益通算や、譲渡損失の繰越控除の適用を受けることができる。

135

44. オプション取引

問44 オプション取引に関する説明について、正しくないものはどれですか。

A. オプション取引とは、将来の一定期日または一定期間内に、あらかじめ定められた価格での売買取引を約定するものをいう。

B. 将来の一定期日または一定期間内に、あらかじめ定められた価格で原資産を買う権利を売買する取引をコール・オプション取引という。

C. ヨーロピアン・オプションは、将来の一定時点でのみ、その権利を行使することができる。

D. コール・オプションで、「原資産価格>権利行使価格」の状態を、イン・ザ・マネーという。

解 説

デリバティブのうち、オプション取引について理解する。

オプション取引は、将来の一定期日または一定期間内に、あらかじめ定められた価格（行使価格）で、株式や債券、通貨などの原資産を売る権利、または買う権利を売買する取引をいう。

コール・オプション	将来の一定期日または一定期間内に、あらかじめ定められた価格で原資産を買う権利を売買する取引をいう。
プット・オプション	将来の一定期日または一定期間内に、あらかじめ定められた価格で原資産を売る権利を売買する取引をいう。

オプション取引の権利行使方法には、ヨーロピアンタイプとアメリカンタイプがあり、将来の一定時点でのみ権利行使が可能なオプションをヨーロピアン・オプション、取引開始日から取引最終日までの間であれば、いつでもその権利行使が可能なオプションをアメリカン・オプションという。

原資産価格と権利行使価格との関係により、イン・ザ・マネー、アッ

ト・ザ・マネー、アウト・オブ・ザ・マネーに区分される。

名　称	内　容	コール・オプション	プット・オプション
イン・ザ・マネー	権利行使すれば利益を得られる状態	原資産価格 ＞権利行使価格	原資産価格 ＜権利行使価格
アット・ザ・マネー	権利行使価格と原資産価格が等しい状態	原資産価格 ＝権利行使価格	原資産価格 ＝権利行使価格
アウト・オブ・ザ・マネー	権利行使すると損失を被る状態	原資産価格 ＜権利行使価格	原資産価格 ＞権利行使価格

解答　正解　A

A. 不適切。オプション取引とは、将来の一定期日または一定期間内に、あらかじめ定められた価格で原資産を売る権利または買う権利を売買する取引をいう。これに対し、価格等の変動する各種の商品の売買について、将来の一定期日または一定期間内の売買について、あらかじめ定められた価格での取引を約定するものを先物取引という。

B. 適切。コール・オプション取引とは、将来の一定期日または一定期間内に、あらかじめ定められた価格で原資産を買う権利を売買する取引をいい、プット・オプション取引とは、将来の一定期日または一定期間内に、あらかじめ定められた価格で原資産を売る権利を売買する取引をいう。

C. 適切。オプション取引の権利行使方法には、ヨーロピアンタイプとアメリカンタイプがあり、ヨーロピアン・オプションは、満期日にのみ権利を行使することができ、アメリカン・オプションは、取引開始日から取引最終日までの間であれば、いつでもその権利を行使することができる。

D. 適切。コール・オプション取引で、「原資産価格＞権利行使価格」の状態を、イン・ザ・マネー（権利行使をすれば利益が得られる状態）という。

45. オプション・プレミアム

> **問45** **オプション取引のプレミアム（オプション料）に関する説明について、正しいものはどれですか。**

A. コール・オプションは、権利行使価格が高いほど、オプション・プレミアム（オプション料）は高くなる。

B. プット・オプションは、権利行使価格が高いほど、オプション・プレミアム（オプション料）は低くなる。

C. ボラティリティが大きくなると、コール・オプションのオプション・プレミアム（オプション料）は高くなり、プット・オプションのオプション・プレミアム（オプション料）は低くなる。

D. コール・オプション、プット・オプションともに、権利行使期限（満期）までの期間が長いものの方が権利行使期限（満期）までの期間が短いものより、オプション・プレミアム（オプション料）は高くなる。

> **解　説**

　オプション取引のオプション・プレミアム（オプション料）が変化する要因について理解する。

　オプション取引では、オプションの買い手は、売り手に対してオプション・プレミアムを支払い、オプションの売り手は、買い手よりオプション・プレミアムを受取る。オプションの買い手が権利を行使する場合には、オプションの売り手は権利行使に応じる義務を負う。そのため、オプションの買い手の利益は無限大、損失はオプション・プレミアムに限定される。一方、オプションの売り手の利益はオプション・プレミアムに限定されるが、損失は無限大となる。

　オプション・プレミアムは、原資産価格や権利行使価格の変化や、時間的価値（満期までの期間）などが反映され変動する。満期までの期間が長くなれば、原資産の将来の値動きに対する不確実性が高まる

第2章｜WM（ウェルスマネジメント）

ことになる。

　時間的価値などの要因が、オプション・プレミアムの変化に与える影響は次の通りである。

要　因		オプションプレミアム（オプション料）の高低	
		コール・オプション	プット・オプション
原資産価格	上昇	高くなる	低くなる
	低下	低くなる	高くなる
権利行使価格	高い	低くなる	高くなる
	低い	高くなる	低くなる
残存期間	長い	高くなる	
	短い	低くなる	
ボラティリティ（変動率）	上昇	高くなる	
	低下	低くなる	
金利	上昇	高くなる	低くなる
	低下	低くなる	高くなる

解答　正解　D

A. 不適切。コール・オプション・プレミアム（コール・オプション料）は、権利行使価格が高いほど、低くなる。仮に原資産価格が100円の場合、将来90円で買える権利（オプション料）よりも、110円で買える権利（オプション料）の方が低くなる。

B. 不適切。プット・オプション・プレミアム（プット・オプション料）は、権利行使価格が高いほど、高くなる。仮に原資産価格が100円の場合、将来90円で売る権利（オプション料）よりも、110円で売る権利（オプション料）の方が高くなる。

C. 不適切。ボラティリティが大きくなると、収益機会が大きくなる分、コール・オプション、プット・オプション、いずれのプレミアムも高くなる。

D. 適切。ボラティリティは単位時間あたりの変動性を表すものである。権利行使期限（満期）までの期間が長い方が、原資産価格がより大きく変動する可能性が高くなるため、コール・オプション、プット・オプションのいずれの場合も、オプション・プレミアム（オプション料）は高くなる。

46. オプション投資戦略

問46 日経平均株価連動型ETFを1口18,000円で1,000口購入している状況で、株価下落のリスクを回避したい場合、オプションを利用した投資戦略として、最も適切なものはどれですか。

A．コール・オプションを購入する。
B．コール・オプションを売る。
C．プット・オプションを購入する。
D．プット・オプションを売る。

解説

現物株式などを保有している場合の、オプションを活用した投資戦略について理解する。
オプションを活用した場合の損益は、次の通りである。

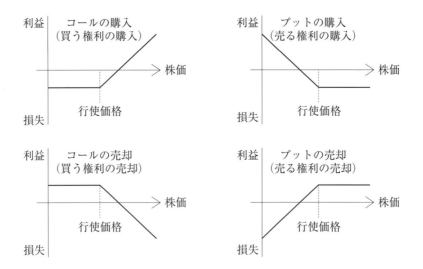

解答　正解　C

A．不適切。コール・オプションの購入では、株価が下落した場合の損失発生リスクを回避できない。
B．不適切。コール・オプションの売却では、株価が下落した場合の損失発生リスクを回避できない。
C．適切。プット・オプションの購入では、株価が下落した場合の損失はオプション料に限定されるので株価下落のリスクを回避できる一方、株価が上昇した場合の利益を享受できる。
D．不適切。プット・オプションの売却では、株価が下落した場合の損失発生リスクを回避できない。

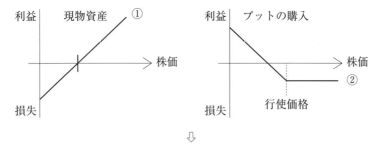

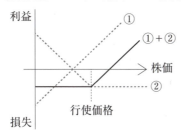

47. スワップ取引

問47　スワップ取引に関する説明について、正しくないものはどれですか。

A. スワップ先物取引は、取引時点において、現在価値の等しいキャッシュ・フローを交換する取引である。

B. 金利スワップは、プライムレートなどの中長期固定金利と、短期市場での変動金利を交換するのが一般的である。

C. 短期変動金利で借入を行っている企業が、近い将来の金利上昇を予想する場合には、短期変動金利を受け取り、長期固定金利を支払う金利スワップが有効である。

D. 外国通貨建ての債務を保有する企業が、為替リスクを回避するためには、本邦通貨建ての債務を保有する企業との金利支払い債務を交換する通貨スワップが有効である。

解　説

　デリバティブで、スワップ取引を活用したリスクヘッジについて理解する。

　スワップ取引は、取引時点で現在価値の等しい、あるキャッシュ・フローと別のキャッシュ・フローを交換する取引の事で、金利スワップと通貨スワップが代表的な取引である。

　金利スワップは、取引時点での異なる金利（中長期固定金利と短期変動金利）を交換するのが代表的な取引で、変動金利の債務を持つ企業と、固定金利の債務を持つ企業が、それぞれが負担する金利の支払いを交換する取引である。

　通貨スワップは、取引時点での異なる通貨（外国通貨と本邦通貨など）の債権や債務の元利金（キャッシュ・フロー）を交換する取引で、外国通貨の債務を持つ企業と、本邦通貨の債務を持つ企業が、それぞ

第2章｜WM（ウェルスマネジメント）

れが負担する元利金の支払い（キャッシュ・フロー）を交換する取引
である。通貨スワップは、金利スワップとは異なり、為替変動のリス
クがある。

解答　正解　D

A. 適切。取引時点において、現在価値の等しいキャッシュ・フロー
（同じ通貨間の変動金利と固定金利など）を交換する取引をスワッ
プ取引といい、代表的な取引として、金利スワップと通貨スワッ
プがある。

B. 適切。金利を一定期間交換する取引を金利スワップといい、固定
金利（長期プライムレートなど）と、変動金利（短期市場連動の
金利）を交換するのが最も一般的な取引である。

C. 適切。短期変動金利で借入を行っている場合は、金利上昇による
リスクがあるため、「長期固定金利を支払い、短期変動金利を受け
取る」金利スワップを行うことにより、短期変動金利の支払いを
長期固定金利の支払いに置き換えることができるため、将来の金
利上昇リスクをヘッジすることができる。

D. 不適切。通貨スワップは、取引時点の異なる通貨間の債務の元利
金（キャッシュ・フロー）を交換する取引で、金利支払い債務お
よび元本の交換を行う取引である。

143

48. 外国資産への投資

問48　外国資産への投資に関する説明について、正しくないものはどれですか。

A. 国内資産に外国資産が加わることで、分散投資の効果をさらに大きくしてリスク低減効果も期待できる。

B. 外貨建て金融商品の投資において、外貨建て証券などを購入した時点の為替相場より、売却する時点の為替相場が円高であれば、為替差益が得られる。

C. 国内金利が上昇し、海外金利が低下したことにより、海外金利との金利差が縮小すると、為替相場の円高要因となる。

D. 本邦通貨（円）よりも金利が高い外国通貨により運用する外貨預金に、為替リスク回避目的の為替先物予約を付す場合、円換算の実質利回りは、その外国通貨建ての表面上の金利よりも低くなる。

解　説

外国資産へ投資する際の基本的な注意点について理解する。

投資対象資産に、国内資産だけでなく外国資産が加わることで、国内とは異なる経済状態や成長率により、外国資産の収益率の動きが異なるため、分散投資の効果が大きくなり、リスク軽減効果が期待できる。

外国資産への投資は、為替リスクが存在するため、為替相場の変動による影響を踏まえておく必要がある。為替相場の主な変動要因は、次の通りである（実際には、この通りに動かないケースもある）。

変動要因	状態	変　動	理　由
国内金利	上昇	円高要因	円の価値が上がり円買いが進む
	低下	円安要因	円の価値が下がり円売りが進む
海外金利	上昇	円安要因	外貨の価値が上がり外貨買いが進む
	低下	円高要因	外貨の価値が下がり外貨売りが進む
日本国内の政策金利	上昇	円高要因	国内の金融引き締めにより国内金利が上がる
	低下	円安要因	国内の金融緩和により国内金利が下がる

第2章｜WM（ウェルスマネジメント）

変動要因	状態	変　動	理　由
海外の 政策金利	上昇	円安要因	海外の金融引き締めにより海外金利が上がる
	低下	円高要因	海外の金融緩和により海外金利が下がる
国内物価	上昇	円高要因	インフレ抑制のため国内政策金利・国内金利が上がる
	下落	円安要因	デフレ抑制のため国内政策金利・国内金利が下がる
貿易収支 （国際収支）	黒字	円高要因	輸出代金として受け取った外貨の円への転換が進む
	赤字	円安要因	輸入代金支払いのため円の外貨への転換が進む

　外国資産への投資の為替リスクを低減させるために、「為替先物予約」を活用する方法が採用される。これは、一定期間後の為替相場のレート（先物レート）により売買を行う方法である。先物レートは2国間の金利差によって決定され、仮に米国と日本の金利を比較して、米国の金利が高ければ、為替先物レートはディスカウント（円高ドル安）となり、日本の金利が高ければプレミアム（円安ドル高）となる。

　したがって、為替予約を利用した投資では、日本よりも金利の高い通貨で運用する場合は、当該通貨建ての実質利回りは表面利率よりも低くなり、日本よりも金利の低い通貨で運用する場合は、当該通貨建ての実質利回りは表面利率よりも高くなる。

> **解答　正解　B**

A．適切。投資対象資産に外国資産が加わることで、国内資産のみで運用した場合と比べ、相関係数の値が小さい資産が加わることで、分散投資の効果が大きくなり、リスク低減効果が期待される。

B．不適切。外貨建て金融商品の投資において、外貨建て証券などを購入した時点の為替相場と、売却する時点の為替相場を比較して、円高であれば為替差損が生じ、円安であれば為替差益が生じる。

C．適切。国内金利が上昇し、国内金利より高かった海外の金利が低下すると、海外金利との金利差が縮小することとなり、外貨を売って円を買う需要が高まるため、為替相場の円高（外貨安）要因となる。

D．適切。金利が日本円よりも高い通貨で運用する外貨預金に、為替リスク回避目的の為替先物予約が付される場合、為替先物レートは「ディスカウント（円高ドル安）」となるため、円換算の実質利回りは、その通貨建ての表面金利よりも低くなる。

145

49. 外国株式等の金融商品

問49 外国株式等の金融商品に関する説明について、正しくないものはどれですか。

A. 外国株式に投資する際には、外国証券取引口座の開設が必要となり、証券会社を通じて海外の証券取引所へ売買注文をするなどの方法により取引する。

B. 外国株式を売買した場合の譲渡益は、国内株式と同様に譲渡所得として課税の対象となるが、配当金については、海外で源泉徴収された後の金額に対して、国内で源泉徴収される。

C. 外国債券の利付債について、償還差益は雑所得として総合課税の対象となるが、譲渡益は非課税である。

D. 外貨預金の為替差益は、譲渡所得として総合課税の対象となる。

解 説

外国株式への投資方法や、外国の金融商品への投資に伴う課税関係などについて理解する。

外国株式へ投資する際には、外国証券取引口座を開設し、次のいずれかの方法により売買を行う。

取引方法	内　容
海外委託取引	証券会社を通じて、海外の証券市場に注文を行い売買する方法
国内委託取引	国内の証券取引所に上場されている外国株式銘柄を売買する方法
国内店頭取引	証券会社が保有している外国株式銘柄を売買する方法

外国株式などに投資した場合の課税関係は、次の通りである。

		利子（配当金）	譲渡益	償還差益
外貨預金		源泉徴収課税	外貨預金の為替差益は雑所得（総合課税）	－
外国株式		源泉徴収課税（海外および国内）	譲渡所得（申告分離課税）	－
外国債券	割引債	－	譲渡所得（総合課税）	雑所得（総合課税）
	利付債	源泉徴収課税	非課税	雑所得（総合課税）
外貨MMF		源泉徴収課税	譲渡所得（申告分離課税）	－

解答　正解　D

A. 適切。外国株式に投資する際には、外国証券取引口座の開設が必要となり、証券会社を通じて海外の証券取引所へ売買注文をする海外委託取引や、国内の証券取引所に上場されている外国株式銘柄を売買する国内委託取引、証券会社が保有している外国株式銘柄を売買する国内店頭取引により行う。

B. 適切。外国株式を売買した場合の譲渡益は、譲渡所得として課税の対象となり、配当金については、海外で源泉徴収された後の金額に対して、さらに国内で源泉徴収されるが、配当控除の適用を受けることはできない。

C. 適切。外国債券の利付債については、償還差益は雑所得として総合課税の対象となり、譲渡益は非課税である。なお、割引債の償還差益は、雑所得（総合課税）、譲渡益は譲渡所得として課税の対象となる。

D. 不適切。外貨預金の為替差益は、雑所得として総合課税の対象となる。

50. アセット・アロケーション

> **問50　アセット・アロケーションの説明について、正しいものはどれですか。**

A. アセット・アロケーションとは、資産運用における複数の資産クラスの配分を決定するプロセスに基づいて決定されるポートフォリオをいう。

B. 戦術的アセット・アロケーションとは、投資政策の根幹を形成するもので、長期的に維持すべき基本的な資産配分比率をいう。

C. 政策アセット・ミックスを策定する際には、顧客のリスク許容度が重要な要素となるため、顧客の固有の要因を重視する必要がある。

D. 投資政策による運用成果を把握する際には、正確なパフォーマンスの測定が不可欠となるが、運用者のパフォーマンスを適切に測定する方法としては、金額加重収益率による測定が適している。

解　説

　資産運用を行う際に資産クラスの配分を決定するためのアセット・アロケーションの意義や目的について理解する。

　アセット・アロケーションは、資産運用における株式や債券といった、複数の資産クラスの配分を決定する投資政策の中核をなす重要なプロセスであり、これにより決定されるポートフォリオを、アセット・ミックスという。

　政策アセット・ミックスとは、投資政策の根幹を形成する、長期的に維持すべき基本的な資産配分比率である。一方、投資環境に応じて、資産配分を政策アセット・ミックスから意図的に乖離させることにより、付加価値の獲得を目的とする運用手法を、戦術的アセット・アロケーションという。

政策アセット・ミックスを策定する際には、顧客のリスク許容度が重要な要素となる。顧客のリスク許容度は、資産や負債の状況、投資期間、資金負担や流動性の制約など、顧客の固有の要因を考慮する必要がある。

投資政策に基づく運用成果を把握する方法としては、次の指標がある。

評価指標	内　容
時間加重収益率	キャッシュ・フローの影響を受けずに、資産運用者の定量的な投資成果を適切に測定できる指標であり、資金運用実務の現場での利用が一般的になりつつある。
金額加重収益率（内部収益率）	キャッシュ・フローも含めた資産全体の収益率を測定できる指標であるが、キャッシュ・フローの増減等の影響を排除できないため、運用者の定量的な運用実績把握には適さない。

解答　正解　C

A. 不適切。アセット・アロケーションとは、資産運用における株式や債券といった、複数の資産クラスの配分を決定する投資政策の中核をなす重要なプロセスのことをいい、これに基づいて決定されるポートフォリオを、アセット・ミックスという。

B. 不適切。戦術的アセット・アロケーションは、短期的な観点から、投資環境に応じて、政策アセット・ミックスから意図的に資産配分を乖離させることにより、付加価値の獲得を狙う運用手法である。

C. 適切。政策アセット・ミックスを策定する際には、顧客のリスク許容度が重要な要素となる。顧客のリスク許容度は、資産や負債の状況、投資期間、資金負担や流動性の制約など、顧客の固有の要因を考慮する必要がある。

D. 不適切。投資政策に基づく運用成果を把握する際には、運用者の意思によりコントロールできない運用期間中のキャッシュ・フロー（運用資金の流入や流出）を考慮しない、時間加重収益率が適している。

51. NISA（少額投資非課税制度）

> **問51** NISA（少額投資非課税制度）に関する説明について、正しいものはどれですか。なお、本問においては、NISAにより投資収益が非課税となる口座をNISA口座という。

A．NISA口座に受け入れることができる上場株式等は、1人当たり年間110万円までである。

B．NISA口座には、所定の手続きにより、すでに特定口座や一般口座で保有している上場株式を移管することができる。

C．NISA口座に受け入れた上場株式等の配当金等や譲渡益は、最長10年間が非課税とされる。

D．NISA口座で保有する上場株式等に係る譲渡損失については、他の上場株式等の配当金等や譲渡益と通算することができない。

解　説

　2014年より始まったNISA（少額投資非課税制度）について理解する。

　NISA（少額投資非課税制度）は、2014年から2023年までの10年間、株式や投資信託などの一定の投資額に対する運用益や配当金が非課税になる制度である。

制　　度	内　　容
投資可能期間	2014年～2023年
年間の非課税投資枠	100万円（2016年以降は、120万円）
年間投資額の非課税期間	最長5年
対象者	20歳以上（1人1口座のみ開設可能）
投資対象商品	上場株式　株式投資信託　不動産投資信託（REIT）等

　特定口座や一般口座で運用している上場株式や株式投資信託等については、NISA口座に移管することはできない。また、NISA口座を通じて上場株式等を譲渡した際の譲渡損失については、他の一般口座な

どで運用している上場株式等の配当金等や譲渡益と通算することはできない。

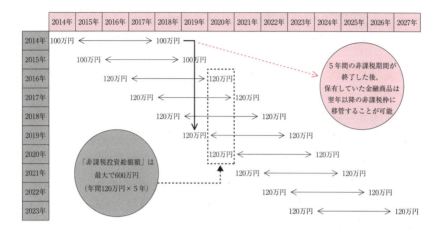

解答　正解　D

1. 不適切。NISA口座に受け入れることができる上場株式等は、1人当たり年間120万円までである。
2. 不適切。NISA口座で保有する上場株式や公募株式投資信託等については、所定の手続きにより、特定口座や一般口座に移管することができるが、特定口座や一般口座で保有している上場株式や公募株式投資信託等について、NISA口座に移管することはできない。
3. 不適切。NISA口座に受け入れた上場株式等の配当金等や譲渡益については、投資した年の1月1日から最長5年間にわたり非課税となる。
4. 適切。NISA口座で保有する上場株式等を譲渡したことにより譲渡損失が発生した場合、その譲渡損失はなかったものとみなされるため、他の一般口座などで運用している上場株式等の配当金等や譲渡益と通算することはできない。

52. 一世代の資産保全

> **問52** 次世代への資産承継を考慮する必要のない一世代の資産
> 保全に関する説明について、正しくないものはどれですか。

A. 運用目標が分配重視型の場合には、リスク許容度が高くなるため、ハイリスク・ハイリターンでの運用により運用収益を追求できると考えられる。

B. 相続対策の必要性が小さくなるので、単純な投資スキームと税務対策で対応することが可能である。

C. 不動産のウエイトが高く不動産からの賃料収入がある場合には、不動産以外の資産については、分配重視の運用を重視しなくてもよい場合がある。

D. 給与収入等の安定収入があり、運用資産から課税後のインカムゲインを受け取るニーズが小さい場合には、運用リターンの最大化の観点から、課税の繰り延べを活用することを検討する。

解　説

　次世代への資産承継を考慮する必要がない一世代の資産保全の対策について理解する。その主な特徴は次の通りである。

> ・運用期間が長期にわたることが予想されるので、資産運用においてはグローバルアセット・アロケーションが可能である。投資対象を国内資産だけでなく海外資産にも広げることで、リスクを分散し、期待収益率を高めることができる。
> ・分配重視型の運用目標下では、リスク許容度も高くなるが、資産保全の観点からは、ハイリスク・ハイリターンのような高いリスクを取る必要はないため、ミドルリスク・ミドルリターンによる運用が考えられる。

第2章｜WM（ウェルスマネジメント）

> ・不動産のオーナーで、流動性の低い不動産のウエイトが高い場合には、不動産からの賃料収入があるため、賃料収入の水準によっては、不動産以外の資産について、分配重視の運用を重視しなくてもよい。
> ・一世代の資産保全が主目的の場合、相続対策等の複雑な投資・税務スキームを必要としないため、単純な投資スキームと税務対策が求められる。
> ・給与収入等の安定的な収入がある場合、資産運用から課税後のインカムゲインを受け取るニーズが小さくなるため、運用リターンの最大化の観点から、無分配型の投資信託、ゼロクーポン債、変額年金などの課税の繰延べ効果のある金融商品での運用が考えられる。

解答　正解　A

A．不適切。次世代への資産承継を考慮する必要がなく、運用目標が分配重視型の場合には、リスク許容度は高くなるが、資産保全の観点からは、ハイリスク・ハイリターンのような高いリスクを取る必要はないため、ミドルリスク・ミドルリターンによる運用が考えられる。

B．適切。相続対策の必要性が小さくなるので、単純な投資スキームと税務対策で対応することが可能である。

C．適切。不動産のウエイトが高く不動産からの賃料収入がある場合には、不動産以外の資産について、分配重視の運用を重視しなくてもよく、リスクを分散し、期待収益率を高めることを目的として、国内資産だけではなく海外資産も投資対象とすることが可能である。

D．適切。給与収入等の安定的な収入があり、運用資産から課税後のインカムゲインを受取るニーズが小さい場合には、運用リターンの最大化の観点から、無分配型の投資信託など課税の繰延べ効果のある金融商品での運用が考えられる。

153

53. 多世代の資産保全

> **問53** 次世代への資産承継を重視した多世代の資産保全に関する説明について、正しくないものはどれですか。

A. 多世代にわたる長期の資産保全を図るには、相続税の納税、相続・贈与に伴う財産分割を想定した資産運用を行う必要がある。

B. 事業オーナーの場合、残すべき資産の優先順位を決める必要があるが、事業承継の優先順位が高くなるため、自社株が残すべき資産として最上位となる。

C. 保有資産が5億円以上などの場合には、資産管理会社で保有資産の運用を行うことにより、税務コストを削減できる可能性があるが、設立から5年以内に相続が発生する場合には、税務コストの削減効果が得られない。

D. 多世代にわたる資産保全を図るには、一次相続・二次相続における相続税の納税等に備えるため、相続税の課税価格を圧縮するために、賃貸用不動産による運用も有効である。

解 説

　次世代への資産承継を重視した多世代の資産保全の対策について理解する。その主な注意点は、次の通りである。

> ・相続対策のため、相続税の納税、相続・贈与に伴う財産分割を想定した資産運用を行う必要がある。また、日本は相続税の最高税率が高いため、相続発生までの間に、計画的に暦年贈与を活用することは有効な相続税対策となる。
> ・資産承継に注力する場合、残すべき資産の優先順位を決める必要があるが、事業オーナーの場合には、事業承継の優先順位が高くなるため、自社株が残すべき資産として最上位となる。また、不動産オーナーの場合には、不動産の優先順位が高くなる。

第2章｜WM（ウェルスマネジメント）

> 　自社株や不動産等の流動性の低い資産の優先順位が高い場合、優先順位の低い資産は、流動性の高い金融資産や保険とすることが有効といえる。
> ・保有資産が5億円以上、または、保有資産からの運用収入が3千万円などの場合には、資産管理会社で保有資産の運用を行うことにより、税務コストを削減できる可能性がある。ただし、「設立から3年以内に相続が発生する」、「株式・不動産の保有比率が高いため、株式・不動産保有特定会社とみなされる」などにより、自社株が純資産価格で評価される場合には、税務コストの削減効果が得られない。
> ・一次相続・二次相続における相続税の納税等に備えるため、相続税の課税価格を圧縮しながら、キャッシュアウトを小さくする。課税価格を圧縮するためには、賃貸用不動産による運用も有効であるが、流動性の確保の観点からは、不動産への過度の集中を回避する必要がある。

解答　正解　C

A．適切。多世代にわたる長期の資産保全を図るには、相続税の納税、相続・贈与に伴う財産分割を想定した資産運用や、計画的に暦年贈与を活用するなどの相続税対策が有効である。

B．適切。次世代への資産承継に注力する場合、残すべき資産の優先順位を決める必要があるが、事業オーナーの場合には、事業承継の優先順位が高くなるため、自社株が残すべき資産として最上位となる。

C．不適切。税務コストの削減を目的として、資産管理会社で保有資産の運用を行う場合、設立から3年以内に相続が発生する場合や、一定割合以上の株式・不動産を保有することにより、株式・不動産保有特定会社に該当する場合には、税務コストの削減効果は得られない。

D．適切。一次相続・二次相続における相続税の納税等に備えるため、相続税の課税価格を圧縮しながら、キャッシュアウトを小さくすることが重要となる。相続税の課税価格を圧縮するためには、賃貸用不動産による運用も有効である。

155

54. 事業承継と財産承継

問54　一族の遺産の次世代承継策における事業承継と財産承継に関する説明について、正しいものはどれですか。

A. わが国の99%を占める非上場会社での事業承継は、会社の所有と経営が分離されていないため、経営の承継を行う際には、自社株の承継をいかに後継者に円滑に行うかがポイントである。

B. 多額の相続税を回避するためには、相続発生予想時期の3年前から、それぞれの相続人に対し、財産を贈与する等の戦略が必要である。

C. わが国では、最高税率を55%とする相続税、贈与税が課されるため、コアアセット、ノンコアアセットは資産管理会社を介して間接保有すべきである。

D. 特定の相続人に自社株等を全株承継させたい場合には、遺言によりその旨を記しておけば問題は生じない。

解　説

　一族の遺産の次世代承継策における、事業承継と財産承継の相違やその対策を理解する。

　複数の相続人がいる場合には、経営者たる後継者へ自社株を集中させる必要が生じるが、後継者以外の相続人には、遺留分の請求が認められるため、後継者以外への財産分割が問題となる。このような場合には、後継者が保有する資産（現金や生命保険金等）を後継者以外の相続人へ代償分割資産として譲渡する対策も必要となる。例えば、受取人を後継者とする生命保険を相続発生時に代償分割資産として後継者以外に渡し、分割財産のアンバランスを是正するとともに、後継者自身の相続税の納税準備をする代償分割という方法も考えられる。

第2章｜WM（ウェルスマネジメント）

制　　度	内　　容
代償分割	共同相続人のうち、特定の相続人だけが被相続人の遺産を取得し、その遺産を取得した代償として、他の相続人に自己固有の財産を提供する分割の方法をいう。例えば、A、B、C3人の共同相続人のうちAが相続財産である土地3億円を取得し、その代償としてB、Cに各現金1億円を支払う。このようなケースに備えて、Aが他の相続人に提供する財産（資金）を確保するため、Aを受取人とする生命保険の活用が考えられる。
遺留分	民法では、自己の財産を遺言によって自由に処分できるが、被相続人に財産処分を自由に許すと被相続人の財産によって生計を維持していた遺族は、生計の維持に支障をきたす場合も想定される。そこで、被相続人の財産の一定部分について、民法で定められている一定の相続人が最低限相続できる財産を遺留分という。

解答　正解　A

A．適切。非上場会社での事業承継は、会社の所有と経営が分離されておらず、経営の承継については、後継者に対する自社株の承継を円滑に行う対策が重要となる。

B．不適切。相続開始前3年以内の法定相続人に対する贈与財産は、相続開始時の課税価格に加算されるため、多額の相続税を回避するためには、相続発生予想時期の20年以上前から、それぞれの相続人に対し、財産を贈与する等の戦略が必要である。

C．不適切。わが国では、最高税率を55％とする相続税、贈与税が課されるため、資産をファミリーの相続人が直接保有するのか、資産管理会社を介して間接保有するのか、さらには持株会社により、家業の株式を保有するのかという意思決定が必要となる。

D．不適切。相続人には遺留分の権利があるため、他の相続人が遺留分の侵害を受けている場合、遺留分減殺請求権を行使して、相続財産を確保できる。そのため、特定の相続人に自社株等のコア資産を全株承継した場合、他の相続人との承継財産のギャップを解消するために、代償分割等の対策を検討する必要がある。

55. 同族内事業承継

問55　同族内事業継承に関する説明について、正しくないものはどれですか。

A．企業関係者に最も受け入れられやすいが、同族内に後継者候補がいない場合も考えられる。

B．先代経営者の子息が複数いる場合には、後継者の決定や経営権の集中が容易となる。

C．相続等により先代経営者の財産や株式を後継者に移転できるため、所有と経営の分離の回避が可能となる。

D．後継者を早期に決定することで、後継者教育のための十分な時間を確保することができる。

第2章 | WM（ウェルスマネジメント）

解 説

　事業承継の手法の一つである同族内事業承継のメリット・デメリットを理解する。

　同族内事業承継とは、先代経営者の子息等の親族を後継者として事業承継を行う方法であり、親族が自社株を承継し、事業承継後の経営を担う。

　同族内事業承継のメリット・デメリットは、次の通りである。

メリット	デメリット
一般的に、企業内外の関係者から、心情的に最も受け入れられやすい。	親族内に、後継者候補が必ずいるとは限らない。
相続等により財産や株式を後継者に移転できるため、所有と経営の分離の回避が可能となる。	相続人が複数いる場合、後継者の決定・経営権の集中が困難である（後継者以外の相続人への配慮が必要）。
後継者を早期に決定し、後継者教育等のための長期の準備期間を確保することが可能となる。	

解答　正解　B

A．適切。同族内事業承継は、企業内外の関係者に最も受け入れられやすいが、親族内に後継者候補がいない場合も考えられる。

B．不適切。相続人が複数いる場合には、後継者の決定・経営権の集中が困難となる。（後継者以外の相続人への配慮も必要となる。）

C．適切。相続等により財産や株式を後継者に移転できるため、所有と経営の分離の回避が可能となる。

D．適切。後継者を早期に決定し、後継者教育のための長期の準備期間を確保することが可能となる。

159

56. 非同族事業承継（MBO）

問56　非同族事業承継（MBO）に関する説明について、正しいものはどれですか。

A．MBOの買収者が役員等であるため、オーナー経営者からの株式の買収資金の調達は問題とならない。

B．オーナー経営者以外に株主が多くいる場合でも、役員等が経営者となるため利害調整は不要である。

C．企業価値のすべてがオーナー経営者である場合でも、役員等が経営者となるため、事後の企業業績は問題なく維持できる。

D．今までの役員や従業員が継続して事業を行うことになるため、従来の経営方針を継続してもらえる安心感がある

第2章｜WM（ウェルスマネジメント）

解　説

　事業承継の手法である非同族事業承継（MBO）のメリット・デメリットを理解する。

　非同族事業承継（MBO）とは、経営陣・従業員へ自社株を売却する方法である。MBOを実行するためには、非同族の経営陣に真の経営能力があるか、さらには受け皿会社に融資が可能か否かを考慮すべきである。

　非同族事業承継（MBO）のメリット・デメリットは、次の通りである。

メリット	デメリット
今までの役員や従業員が継続して事業を行うことになるため、従来の経営方針を継続してもらえる安心感がある。	MBOの買収者が役員等であるため、前オーナー社長一族からの株式買収資金の調達が困難となる可能性がある。通常その際は、銀行から資金調達が行われる。
得意先を維持することが可能となる。	オーナー経営者以外に株主が多くいる場合には、株主間の利害調整が必要になる可能性がある。

解答　正解　D

A．不適切。MBOの買収者が役員等であるため、前オーナー社長一族からの株式買収資金の調達が困難となる可能性があり、通常その際は、銀行から資金調達が行われる。

B．不適切。オーナー経営者以外に株主が多くいる場合には、株主間の利害調整が必要となる可能性がある。

C．不適切。企業価値のすべてがオーナー経営者である場合には、事後の企業業績を維持することが困難となることがある。

D．適切。今までの役員や従業員が継続して事業を行うことになるため、従来の経営方針を継続してもらえる安心感がある。

161

57. 非同族事業承継(M&A)

> **問57** 非同族事業承継(M&A)に関する説明について、正しくないものはどれですか。

A. オーナー経営者は、株式を売却することにより、企業経営リスクから解放される。

B. 後継者が不在の場合、後継者候補を外部に求めることができないため、企業の存続が難しい。

C. 新しい経営体制により、従業員の雇用を確保する可能性はあるが、異なる企業文化による組織の融合が難しく、多くの従業員が退職するケースが見受けられる。

D. 買収する企業側にシナジー効果が見込めない場合、交渉成立が難しくなるため、企業価値を高めておく必要がある。

> **解　説**

　事業承継の手法である非同族事業承継（M&A）のメリット・デメリットを理解する。

　非同族事業承継（M&A）とは、合併・買収により自社株を売却する方法である。M&Aの際には、買収に応じる企業が存在することおよび買収条件が重要になる。非同族事業承継（M&A）のメリット・デメリットは、次の通りである。

メリット	デメリット
現経営者（オーナー）は、株式売却により、株式を現金化し、企業経営リスクから解放される。また、株式売却益を獲得できる可能性がある。	希望の条件（従業員の雇用、価格等）を満たす買い手を見つけるのが困難な可能性がある。

第2章｜WM（ウェルスマネジメント）

メリット	デメリット
後継者が不在であっても、広く候補者を外部に求めることができ、企業の存続が可能となる。また、同時に従業員の雇用を確保する可能性は残される。	新しい経営体制で、多くの従業員が退職するケースがある。雇用が継続する場合も、2つの企業文化の違いから組織の融合が困難なことがある。
	買い手側にとってシナジー効果が見込めない場合、交渉は終了する。また、被合併会社の企業価値が経営者の個人資質に依存している場合は、新しい経営体制の下で取引先が離れていく可能性がある。
	会社を売却した経営者が新しいビジネスを展開する場合、売却先の企業に対し競業避止義務を負うことがある。

解答　正解　B

A．適切。オーナー経営者は、株式を売却することにより、企業経営リスクから解放され、株式を現金化することができ、株式売却益を獲得できる可能性もある。

B．不適切。後継者が不在であっても、広く候補者を外部に求めることができるため、企業の存続が可能となる。

C．適切。新しい経営体制により、従業員の雇用を確保する可能性は残るが、企業文化の違いにより組織の融合が困難な場合があるため、多くの従業員が退職するケースが見受けられる。

D．適切。買収する企業側にシナジー効果が見込めない場合、交渉成立が難しくなり、また、企業価値が経営者の個人資質に依存している場合は、新しい経営体制の下で取引先が離れてゆく可能性がある。

58. 相続税を考慮した事業承継策

問58 相続税の税務的影響を考慮した事業承継手法の説明について、正しくないものはどれですか。

A．同族内事業承継では、自社株は流動性が高いため、納税資金の確保の問題は生じない。

B．同族内事業承継の場合、非上場株式等の相続税の納税猶予制度を利用すれば、相続税の大幅な軽減が見込める。

C．MBOにより、自社株式を売却することで納税資金の確保が可能となる。

D．M&Aにより、自社株式を売却した資金を、現預金等の金融資産のまま保有する場合、相続税の負担が大きくなる可能性がある。

解　説

　相続税の税務的影響も考慮した事業承継策のメリット・デメリットについて理解する。そのメリット・デメリットは、次の通りである。

事業承継策	メリット	デメリット
同族内事業承継	自社株の相続人に相続税の支払いのための十分な流動性がある場合、所有と経営の分離の回避が可能となる。	自社株の相続人に相続税支払いのための十分な流動性がない場合、自社株は流動性が低いため、納税資金の確保が困難となる。
	納税猶予制度を利用した場合、80%相当額の相続税の納税猶予があるため、相続税の大幅軽減が見込める。	経済産業大臣への提出書面の作成負担が重く、また相続開始日における常用雇用の従業員8割以上の5年間継続雇用等といった制約もあり、機動的な経営が難しくなる。

164

第2章│WM（ウェルスマネジメント）

事業承継策	メリット	デメリット
非同族事業承継 （MBO）	流動性の乏しい自社株式を流動性の高い現預金等の財産にすることができるため、相続税の納税資金を確保することができる。	現預金等の金融資産は、自社株式や不動産よりも相続税評価額が高くなるため、金融資産のまま保有した場合には、相続税の負担が大きくなる可能性がある。
非同族事業承継 （M&A）	同上	同上

解答　正解　A

A．不適切。自社株は流動性が低いため、自社株を相続した相続人が、相続税の支払いのための十分な流動性がない場合は、納税資金の確保が困難となる。

B．適切。同族内事業承継の場合、非上場株式等の相続税の納税猶予制度を利用することで、自社株評価額の80％分の相続税が納税猶予されるため、相続税の大幅な軽減が見込める。

C．適切。MBO（またはM&A）により、自社株式を売却することにより、流動性の高い現預金等にすることができ、納税資金の確保が可能となる。

D．適切。M&A（またはMBO）により、自社株式を売却した資金を、現預金等の金融資産のまま保有する場合、自社株式や不動産よりも相続税評価額が高くなるため、相続税の負担が大きくなる可能性がある。

59. 相続税の仕組み

> **問59** 相続税の仕組みに関する説明について、正しいものはどれですか。

A．相続税は、相続や遺贈などにより取得した財産の合計額が、基礎控除額を超えた場合には、その財産の合計額に対して課税される。

B．相続財産には、相続時精算課税制度の適用を受けて贈与により取得した財産や相続開始前5年以内の贈与財産も加算される。

C．相続人以外の者が遺贈などにより財産を取得した場合も、相続税の課税対象となる。

D．相続税は、相続の開始があった日の属する年の翌年3月15日までに申告・納税をしなければならない。

解　説

相続税の基本的な仕組みについて理解する。

相続税の基本的な制度は次の通りである。

項　目	内　容
課税遺産総額	相続税は、相続や遺贈などにより取得した財産の合計額が、基礎控除額を超えた場合には、基礎控除額を超える部分（課税遺産総額）に対して課税される。 その場合には、相続時精算課税制度の適用を受けて贈与により取得した財産や相続開始前3年以内の贈与財産（債務等の金額は除く）も加算される。
基礎控除額	相続税の基礎控除額は「3,000万円＋600万円×法定相続人の数」により求める。 「法定相続人の数」は、相続税法上の相続人の数をいい、相続を放棄した者がいてもその放棄はなかったものとし、養子は2人（実子がいる場合には1人）までとなる。
申告期限	相続税は、相続の開始があったことを知った日の翌日から10ヵ月以内に、申告・納税をしなければならない。

166

第2章｜WM(ウェルスマネジメント)

解答　正解　C

A. 不適切。相続税は、相続や遺贈などにより取得した財産の合計額が、基礎控除額を超えた場合には、その基礎控除額を超える部分（課税遺産総額）に対して課税される。

B. 不適切。相続財産には、相続時精算課税制度の適用を受けて贈与により取得した財産や相続開始前3年以内に贈与を受けた財産も加算される。

C. 適切。遺贈などにより、相続人以外の者が取得した財産も相続税の課税対象となるが、相続人以外の者が生命保険金を受け取った場合には、生命保険金の非課税の規定は適用されない。

D. 不適切。相続税の申告期限は、相続の開始があったことを知った日の翌日から10ヵ月以内となり、申告期限までに相続税の申告書を提出し、納税しなければならない。

167

60. 相続財産の評価

> **問60** 相続財産の評価に関する説明について、正しくないものはどれですか。

A．路線価が定められている地域にある宅地は、路線価に一定の倍率を乗じた価格により評価する。

B．上場株式は、相続の開始日の終値や相続開始月の終値の平均値などのうち、最も低い価額により評価する。

C．預貯金は、相続開始の日現在の預金残高に、既経過利子の額を加算した金額により評価する。

D．上場している投資信託や不動産投資信託は、上場株式の評価方法に準じて評価する。

解　説

　相続財産の評価方法（相続税評価額の算定方法など）について理解する。

　相続財産は、原則として相続開始時点の時価によって評価された価額により計算される。主な相続財産ごとの評価方法については、次の通りである。

相続財産	評価方法
宅　地	路線価が定められている地域は「路線価方式（路線価×面積×補正率等）」、路線価が定められていない地域は「倍率方式（固定資産税評価額×一定倍率）」により評価される。
家　屋	固定資産税評価額
上場株式	次の価額のうち、最も低い価額による。 ・相続の開始日の終値 ・相続開始月の終値の月平均値 ・相続開始月の前月の終値の月平均値 ・相続開始月の前々月の終値の月平均値

第2章│WM（ウェルスマネジメント）

相続財産	評価方法
取引相場 のない 株式・出資	会社の規模の大小、株主の態様、資産の構成割合等に応じて、次の方法による。 ・類似業種比準方式（原則：大会社） ・純資産価額方式（原則：小会社） ・上記の併用方式（原則：中会社） ・配当還元方式（同族株主以外の株主等＜同族関係者の友人・取引先等＞）
預貯金 （定期預金等）	相続開始の日現在の預け入れ残高に、相続開始の日現在において解約するとした場合に支払いを受けることができる既経過利子（源泉徴収後の金額）の額を加算した金額

解答　正解　A

A．不適切。宅地の評価について、路線価が定められている地域にある宅地は、「路線価方式（路線価×対象面積×補正率など）」により評価を行う。

B．適切。上場株式は、相続の開始日の終値、相続開始月の終値の平均値、相続開始月の前月の終値の平均値、相続開始月の前々月の終値の平均値の4つの金額のうち、最も低い価額を1株あたりの金額として評価する。

C．適切。預貯金は、相続開始日の預金残高に、その時点において解約した場合に支払いを受けることができる既経過利子の額（源泉徴収後の金額）を加算した額により評価する。

D．適切。上場している投資信託や不動産投資信託は、上場株式の評価方法に準じて評価する。

169

61. 相続の遺産分割対策

> **問61** 相続の遺産分割対策に関する説明について、正しくないものはどれですか。

A. 遺産分割による親族間での争いを防ぐためには、生前に遺産分割対策を取っておくのが有効である。

B. 遺産分割対策が取られていない場合には、親族間での争いが起こる確率が高いといえる。

C. 遺産分割対策は、相続人のうちの1人に対してすべての財産を承継させる方が最も効果的である。

D. 遺産分割対策としては、遺言書の作成などが有効である。

第2章｜WM（ウェルスマネジメント）

解　説

　相続対策のうち、遺産分割対策について理解する。

　遺産分割対策とは、相続人にスムーズに財産移転ができるように、生前に相続人にどの財産を承継させるかを考えておくことで、自分の死後に親族間での争いを防ぐために、非常に重要なことである。

　遺産分割は、平等に分割することが原則であるが、病気の看病を献身的に行ってくれる相続人とそうでない相続人がいる場合には、平等に分割するよりも、状況に応じて寄与分を考慮した分割が適しているケースもある。

　遺産分割対策が取られていない場合には、親族間で争いが生じる可能性が高くなるため、遺言書の作成や、生前贈与、財産分割を容易にする資産の組み替え、生命保険の活用などの対策を取ることが有効である。

解答　正解　C

A．適切。遺産分割による親族間での争いを防ぐためには、生前に遺産分割対策を取っておくのが有効である。

B．適切。遺産分割対策が取られていない場合には、親族間での争いが起こる確率が高い。

C．不適切。遺産分割対策では、相続人に平等に分割することが原則であり、相続人のうちの1人に対してすべての財産を承継させるのは、親族間での争いが起こる確率が高い。

D．適切。産分割対策としては、遺言書の作成などが有効である。

171

62. 相続税の納税資金対策

> **問62**　相続税の納税資金対策に関する説明について、正しくないものはどれですか。

A．相続財産の多くが不動産の場合には、相続税の納税資金が不足する可能性が高いため、事前に対策を行う必要がある。

B．生前に相続税の試算を行い、相続が発生した後に納税が可能となるように、現預金を生前贈与しておくことは有効である。

C．納税資金の対策として、生命保険を活用した対策も有効である。

D．相続が開始した後、相続税の申告期限までに納税資金を準備することができないため、物納を選択する場合には、相続税の申告期限から3ヵ月以内に物納による申請手続きを行う必要がある。

解　説

　相続税の納税資金対策について理解する。

　相続財産の多くが金融資産である場合や、相続人が納税資金を準備することができる場合には納税資金の問題はないが、相続財産の大半が不動産や自社株で占められる場合には、相続税の納税資金が不足する可能性が高い。そのため、相続税の試算を行い、相続後の納税が可能となるような対策をあらかじめとっておくことが必要である。

　相続税の納税資金対策としては、「現預金の贈与」、「生命保険の活用」、「物納」などが考えられる。物納できる財産は、相続または遺贈により取得した財産で、かつ日本国内にあるもの（第1順位は国債、地方債、不動産、船舶、第2順位は、社債、株式、証券投資信託または貸付信託の受益証券、第3順位は動産）とされているが、抵当権が設定されている不動産については、物納財産とすることはできない。

　また、相続税を納付期限までに金銭で納付することが困難な場合に、納付できない金額について延納が認められ、延納によっても金銭で納

第2章｜WM（ウェルスマネジメント）

付することが困難な場合に、納付できない部分に限り物納が認められる。なお、延納申請書、物納申請書を、相続税の申告期限までに提出しなければ、延納、物納は認められない。

解答　正解　D

A.　適切。相続財産の多くが不動産や自社株などで占められる場合には、流動性が低く相続税の納税資金が不足する可能性が高いため、事前に対策を行う必要がある。

B.　適切。生前に相続税の試算を行い、相続税の納税が必要となる場合には、暦年贈与を活用し現預金を生前贈与しておくことは、納税資金対策として有効である。

C.　適切。生命保険を活用した対策は、納税資金の対策として有効である。

D.　不適切。相続税の納税資金を準備することができないため、物納を選択する場合には、相続税の申告期限までに物納による申請手続きをしなければ、物納は認められない。

173

63. 相続税の節税対策

問63 相続税の節税対策として、正しくないものはどれですか。

A. 生前贈与の活用
B. 借入金の活用
C. 不動産の活用
D. 生命保険の活用

解　説

相続税の節税対策について理解する。

相続税の節税対策とは、納付すべき相続税額を相続開始前に少なくする対策で、財産を贈与により減少させる方法と、財産の評価額を引き下げる方法があり、主な対策とその効果は次の通りである。

対　策	効　果
暦年贈与	暦年贈与（年間110万円の基礎控除）を活用し、相続財産を減少させる方法である。
贈与税の配偶者控除	婚姻期間が20年以上の配偶者から居住用不動産や、居住用不動産を取得するための金銭の贈与について、最高2,000万円まで贈与税が非課税となる制度である（別途110万円の基礎控除の適用も可能）。 配偶者控除の適用を受けた贈与財産は、相続開始前3年以内の生前贈与加算の対象とはならない。
不動産の活用	土地については路線価（公示価格の80％相当の水準）、建物は固定資産税評価額により評価されるため、財産の評価額を引き下げる効果がある。また、賃貸アパートなどを建築することで、さらに評価額を引き下げることができる。 なお、借入金には相続財産の評価引き下げ効果はない。
生命保険の活用	生命保険の死亡保険金受取人を相続人とした場合、「500万円×法定相続人の数」は相続税が非課税となるため、金融資産で保有するよりも、評価引き下げ効果がある。

第2章｜WM（ウェルスマネジメント）

解答　正解　B

A．適切。暦年贈与（年間110万円の基礎控除）や贈与税の配偶者控除
（居住用不動産の取得資金の贈与などによる2,000万円の非課税）な
ど、生前贈与の活用は、相続財産を減少させる効果があるので、
相続税の節税対策として有効である。

B．不適切。借入金を活用して不動産の購入等を行った場合、利息負
担分のうち一定額は経費となるため所得税の節税効果が見込める
場合があるが、相続財産の評価引き下げ効果はない。

C．適切。土地は路線価（公示価格の80％相当の水準）、建物は固定資
産税評価額により評価されるため、不動産の活用は、財産の評価
額を引き下げる効果があるので、相続税の節税対策として有効で
ある。

D．適切。生命保険の死亡保険金は、「500万円×法定相続人の数」ま
で相続税が非課税となるため、生命保険の活用は、財産の評価額を
引き下げる効果があるので、相続税の節税対策として有効である。

64. 贈与税の暦年贈与

問64 贈与税の暦年贈与に関する説明について、正しくないものはどれですか。

A. 贈与税は、１年間に贈与により取得した財産の価額の合計額が、基礎控除額を超えた場合には、その超えた金額に対して課税される。

B. 贈与税の基礎控除額は、財産の贈与者ごとに適用を受けることができる。

C. 贈与税の税率は、直系尊属からの贈与と直系尊属以外の者からの贈与により適用税率が異なる。

D. 贈与税は、金銭による一括納付が原則であるが、所定の要件を満たせば延納も認められる。

解　説

　贈与税の暦年贈与の基本的な仕組みについて理解する。

　贈与税は、１年間に贈与により取得した財産の価額の合計額が、基礎控除額（受贈者１人あたり110万円）を超えた場合には、その超えた金額に対して課税される。

　贈与税は、贈与を受けた年の翌年２月１日から３月15日までに、申告・納税をしなければならないが、金銭により一括して納付することが困難であるなど、所定の要件を満たせば、５年以内に分割して納付することも認められる（物納は認められていない）。

第2章｜WM（ウェルスマネジメント）

贈与税の税率（暦年贈与の場合）は次の通りである。

〔特例税率〕				〔一般税率〕			
課税価格		税率	控除額	課税価格		税率	控除額
	200万円以下	10%	―		200万円以下	10%	―
200万円超	400万円以下	15%	10万円	200万円超	300万円以下	15%	10万円
400万円超	600万円以下	20%	30万円	300万円超	400万円以下	20%	25万円
600万円超	1,000万円以下	30%	90万円	400万円超	600万円以下	30%	65万円
1,000万円超	1,500万円以下	40%	190万円	600万円超	1,000万円以下	40%	125万円
1,500万円超	3,000万円以下	45%	265万円	1,000万円超	1,500万円以下	45%	175万円
3,000万円超	4,500万円以下	50%	415万円	1,500万円超	3,000万円以下	50%	250万円
4,500万円超		55%	640万円	3,000万円超		55%	400万円

※特例税率は、直系尊属（祖父母や父母など）から、直系卑属（贈与を受けた年の1月1日時点で20歳以上の子や孫など）への贈与税の計算に適用され、それ以外の贈与については、一般税率が適用される。

解答　正解　B

A. 適切。贈与税の計算は、1月1日から12月31日までの1年間に贈与により取得した財産の価額の合計額から110万円の基礎控除額を控除し、基礎控除額を超えた金額に対して10%〜55%までの税率を乗じて計算する。

B. 不適切。贈与税の暦年贈与における基礎控除額（110万円）は、財産を取得した受贈者ごとに計算するため、贈与者が複数人いた場合でも、受贈者の1年間の基礎控除額は110万円である。

C. 適切。贈与税の税率については、直系尊属からの贈与（受贈者は20歳以上）と直系尊属以外の者からの贈与により適用税率が異なる。なお、贈与者である直系尊属についての年齢要件はない。

D. 適切。贈与税は、金銭による一括納付が原則であるが、納付税額が10万円を超えており、金銭により一括して納付することが困難であるなど、所定の要件を満たせば、延納（5年以内に分割して納付）することも認められる。

65. 相続時精算課税制度（１）

> **問65**　相続時精算課税制度に関する説明について、正しいものはどれですか。

A. 相続時精算課税制度は、65歳以上の親から20歳以上の子などに対する贈与に対して適用できる制度である。

B. 相続時精算課税制度は、贈与を受けた財産から2,500万円までの特別控除額については、贈与税が課税されない制度であるが、贈与財産には一定の制限がある。

C. 相続時精算課税制度は、贈与財産が2,500万円の特別控除額を超えた場合には、その超えた金額に対して暦年課税による贈与税が課税される。

D. 相続時精算課税制度は、父と母のそれぞれからの贈与に対して適用することが可能である。

> ### 解　説

　相続時精算課税制度の基本的な内容について理解する。

　贈与税の課税制度には、「暦年課税」と「相続時精算課税」の２つがあり、相続時精算課税は、一定の要件に該当する場合に選択することができる。この制度は、贈与時に贈与財産に対する贈与税を納め、その贈与者が亡くなった時にその贈与財産の贈与時の価額と相続財産の価額とを合計した金額を基に計算した相続税額から、既に納めたその贈与税相当額を控除することにより贈与税・相続税を通じた納税を行うものである。

第2章｜WM(ウェルスマネジメント)

制度の概要は次の通りである。

適用対象等		内　容
適用対象者	贈与者	贈与をした年の1月1日において、60歳以上の親または祖父母であること。
	受贈者	贈与を受けた年の1月1日において、20歳以上の子または孫（贈与者の推定相続人）であること。
適用対象財産等		贈与財産の種類、金額、贈与回数に制限はない
贈与税額の計算		贈与財産の価額の合計額から、複数年にわたり利用できる特別控除額（限度額：2,500万円）を控除した後の金額に、一律20%の税率を乗じて算出する。
制度の適用		父母それぞれに相続時精算課税を選択することが可能であり、相続時精算課税に係る贈与者以外の者からの贈与については、暦年課税を選択することができる。

解答　正解　D

A．不適切。相続時精算課税は、贈与をした年の1月1日において、60歳以上の親または祖父母から20歳以上の子または孫（贈与者の推定相続人）に対する贈与に対して適用できる制度である。

B．不適切。相続時精算課税は、贈与を受けた財産から特別控除額（累計で2500万円）までは、贈与税が課税されない制度で、贈与財産の種類や贈与回数に制限はない。

C．不適切。相続時精算課税は、贈与財産が特別控除額（2500万円）を超えた場合、その超えた金額に対して一律20%の贈与税が課税され、相続時に贈与財産と相続財産の合計額により計算された相続税額から、既に収めた贈与税額を控除することができる。

D．適切。相続時精算課税は、父母や祖父母のそれぞれからの贈与に対して適用することが可能であり、相続時精算課税を選択した贈与者以外からの贈与については、暦年課税を選択することができる。

66. 相続時精算課税制度（2）

> **問66** 相続時精算課税を利用する際の注意点について、正しくないものはどれですか。

A. 相続時精算課税を選択すると、贈与者の相続時まで継続して適用されるため、途中で暦年課税を適用することはできない。

B. 相続時精算課税により贈与された財産は、相続時の価格で相続税の課税価格に加算されるため、将来値下がりが見込まれる財産を贈与しておくと有利である。

C. 相続時に小規模宅地の特例の適用を受けられる宅地を、相続時精算課税を利用して贈与すると、相続時に小規模宅地の特例の適用を受けることができない。

D. 相続時精算課税により贈与を受けた財産は、相続開始前の年数にかかわらず、すべての贈与財産について相続税の課税価格に加算される。

解　説

相続時精算課税制度を利用する場合の注意点について理解する。

その主な注意点は次の通りである。

- ・相続時精算課税を選択する場合には、その選択に係る最初の贈与を受けた年の翌年2月1日から3月15日までの間に納税地の所轄税務署長に対して、贈与税の申告書とともに「相続時精算課税選択届出書」を提出する。
- ・相続時精算課税を一度選択した場合、その贈与者の相続開始時まで継続して適用されることになるため、相続時精算課税の適用年以降は、暦年課税を適用することはできない。
- ・相続時精算課税により贈与された財産は、贈与時の価額により相続税の課税価格に加算されるため、将来値上がりが見込まれる財産や高い収益を生む財産を、相続時精算課税により贈与しておくと有利である。

第2章｜WM（ウェルスマネジメント）

- 相続時に小規模宅地の特例の適用を受けられる宅地を、相続時精算課税を利用して贈与した場合、相続時に小規模宅地の特例の適用を受けることはできない。
- 暦年贈与による贈与財産のうち、相続開始前3年以内の法定相続人に対する贈与財産は、相続財産の課税価格に加算されるが、相続時精算課税により贈与を受けた財産は、相続開始前の年数に関係なく、すべての贈与財産について相続税の課税価格に加算される。
- 相続時精算課税により、負担した贈与税については、相続税額から控除され、控除しきれない贈与税額がある場合には、還付を受けることができる。

解答　正解　B

A．適切。相続時精算課税を一度選択した場合には、その贈与者の相続開始時まで継続して適用されることになるため、相続時精算課税の適用年以降は、暦年課税を適用することはできない。

B．不適切。相続時精算課税により贈与された財産は、贈与時の価額により相続税の課税価格に加算されるため、将来値上がりが見込まれる財産や高い収益を生む財産を相続時精算課税により贈与しておくと有利である。

C．適切。小規模宅地の特例の適用を受けられる宅地を、相続時精算課税を利用して贈与した場合には、相続税の課税価格の計算上、贈与時の評価額により相続財産に加算され、小規模宅地の特例の適用を受けることができない。

D．適切。相続時精算課税により贈与を受けた財産は、相続開始前の年数に関係なく、すべての贈与財産について相続税の課税価格に加算され、贈与税の負担額があれば、相続税額から控除される。控除しきれない税額については、還付を受けることができる。

181

67. 遺言

問67　遺言に関する説明について、正しいものはどれですか。

A．遺言には、自筆証書遺言、公正証書遺言、秘密証書遺言の３種類があり、実務でほとんど使われていない方式は自筆証書遺言である。

B．遺言者が、先に作成された自筆証書遺言の全部または一部を撤回するためには、同じ方式の自筆証書遺言を新たに作成することを要する。

C．公正証書遺言の作成には、証人２人以上の立会いが必要であるが、推定相続人や未成年者は証人となることはできない。

D．遺言の方式のうち、秘密証書遺言は相続開始時に家庭裁判所の検認手続が必要となるが、自筆証書遺言や公正証書遺言は、検認手続は不要である。

解　説

　遺言の方式やその効果などについて理解する。

　遺言は、被相続人の遺産を法定相続分によらずに、被相続人の意思で配分することにより、実質的な公平性を実現し、相続人間の争いを防止する役割を有する。遺言の効力は受遺者（遺言による財産の受取人）のみに及ぶため、遺言者の死亡以前に受遺者が死亡していた場合には、遺贈を受ける権利は受遺者の代襲相続人に承継されない。

　遺言には３種類の方式があり、その内容は次の通りである。

遺言方式	作成方法	効　力
自筆証書遺言	自分で書いて自分で管理する方式で、遺言の全文、日付および氏名を自書し、押印して成立するため、代筆やワープロやパソコンにより作成された遺言は無効となる。	手軽に作成することが可能であるが、法律の定めるルールに則って作成する必要がある。なお、相続時には裁判所の検認手続が必要である。

遺言方式	作成方法	効　力
公正証書遺言	遺言者が口述した内容を公証人が筆記し、遺言者および証人2人以上の立会いの下で作成され、その公正証書の原本は公証人役場に保存される。	遺言の作成に公証人が関与するため、無効となることはなく、紛失、改ざんのおそれもない。 なお、相続時の裁判所の検認は不要である。
秘密証書遺言	遺言者が遺言書を作成して封印し、2人以上の証人と公証人役場で遺言書であることを証明するもので、内容自体は公証されない。	実務では殆ど利用されていない方式であり、相続時には裁判所の検認手続が必要である。

※遺言の「検認手続」とは、遺言書の偽造・変造・改ざん・紛失などを防止するために遺言の内容の記録を残す手続で、遺言が有効か無効かを判断するものではない。

解答　正解　C

A．不適切。遺言には、自筆証書遺言、公正証書遺言、秘密証書遺言の3種類の方式があるが、秘密証書遺言については、実務ではほとんど使われていない方式である。

B．不適切。遺言者は新たな遺言を作成することによって、遺言の全部または一部を撤回することができるが、この場合、遺言の方式は問わない。したがって、当初作成された遺言が自筆証書遺言であった場合、新たに自筆証書遺言を作成することによるだけでなく公正証書遺言を作成することによっても、その全部または一部を撤回することができる。

C．適切。公正証書遺言の作成には、証人2人以上の立会いが必要であるが、推定相続人、未成年者、受遺者、直系血族、4親等内の親族、公証人の配偶者などは証人になることはできない。

D．不適切。遺言の方式のうち、自筆証書遺言と秘密証書遺言は、相続開始時に家庭裁判所の検認手続が必要となるが、公正証書遺言については、検認手続は不要である。

68. 遺留分

問68　遺留分に関する説明について、正しいものはどれですか。

A. 遺留分は、一定の法定相続人が最低限の範囲で相続することのできる財産のことであるが、遺留分は放棄することもできる。

B. 遺留分を放棄した者は、相続も放棄したものとみなされるため、相続人ではなかったものとされる。

C. 相続人が、被相続人の配偶者と兄弟姉妹の場合、被相続人が遺言により「全ての財産を配偶者に相続させる」旨の意思表示を行っていても、兄弟姉妹は遺留分を請求することができる。

D. 遺留分を侵害された相続人は、相続開始および減殺すべき遺贈があったことを知ったときから10ヵ月以内に限り、遺留分減殺請求権を行使することができる。

解　説

相続財産の遺留分について理解する。

民法上、自己の財産は自由に処分できるとされているが、遺留分は、被相続人がいかなる財産の処分方法をとった場合にも、一定の法定相続人が被相続人の相続財産の一定割合を取得できるという権利である。

相続人の遺留分が侵害された遺産分割方法を指定された場合でも、遺言は有効であるが、遺留分が侵害された相続人は、遺留分減殺請求権を行使することができる。

適用対象等	内　容
遺留分権利者	兄弟姉妹を除く法定相続人（兄弟姉妹は、遺留分の権利が認められない）

第2章｜WM（ウェルスマネジメント）

適用対象等	内　容					
遺留分の割合	遺留分の割合は、相続人全体のものであり、各相続人の遺留分はこの割合を各自の法定相続分に応じて取得する。 ①　相続人に配偶者または子がいる場合：被相続人の財産の1/2 ②　相続人が被相続人の直系尊属のみである場合：被相続人の財産の1/3					
		配偶者のみ	子のみ	直系尊属のみ	配偶者と子	配偶者と直系尊属
	配偶者	1/2			1/4	1/3
	子		1/2		1/4	
	直系尊属			1/3		1/6
権利行使期限	相続開始および減殺すべき遺贈があったことを知ったときから1年以内は行使できる。 ※減殺すべき遺贈があったことを知らない場合でも、遺留分減殺請求権は、相続開始から10年間を経過すると時効により消滅する。					

解答　正解　A

A．適切。遺留分は、一定の法定相続人が最低限の範囲で相続することのできる財産のことであり、放棄することもできる。

B．不適切。一定の法定相続人が遺留分を放棄したとしても、相続を放棄したものとみなされるわけではないため、相続の権利はある。

C．不適切。相続人が、被相続人の配偶者と兄弟姉妹の場合、兄弟姉妹には遺留分が認められていないため、被相続人が遺言により「全ての財産を配偶者に相続させる」旨の意思表示を行っていた場合には、兄弟姉妹は遺留分を請求することはできない。

D．不適切。相続人の遺留分が侵害された場合でも、遺言は有効であるため、遺留分が侵害された相続人は、相続開始および減殺すべき遺贈があったことを知ったときから1年以内に限り、遺留分減殺請求権を行使することができる。なお、減殺すべき遺贈があったことを知らない場合でも、遺留分減殺請求権は、相続開始から10年間を経過すると時効により消滅する。

第3章

不動産

1．不動産の固有の側面

> ### 問1　不動産固有の3つの側面について、正しくないものはどれですか。

A．利用としての側面

B．純投資としての側面

C．分割資産としての側面

D．相続財産としての側面

解　説

　不動産は、投資対象の中では金額も大きく個別性も強いため、その特徴と留意点について理解する。

　不動産は金融商品との類似性がある一方で、物件によりリスクとリターンの個別性、流動性の課題も大きい。不動産固有の側面は3つあり、それぞれ次の通りである。

不動産固有の側面	内　容
利用としての側面	不動産は、自分で居住する、あるいは事業用として活用することが可能であり、特に自宅については、人生における最大の目的資産となることも多い。
純投資としての側面	不動産の資産価値の変動は、株式等の金融資産ほど大きくなく、賃貸収益などにより得られる年間収入は債券よりも高く、不動産は他の金融資産と比較した場合には、ミドルリスク・ミドルリターンの特性を有している。一方で、個別性や流動性リスクが高く、インフレに強い資産である等の特性も有している。
相続財産としての側面	不動産は、個人で保有する資産の中でも大きな割合を占め、相続税の課税対象資産としての位置づけが高い。不動産の相続税評価額は、時価よりも低いという資産課税上の特典がある。一方で、流動性は低く分割しづらいという特徴も併せ持っている。

第3章｜不動産

解答　正解　C

A．適切。利用としての側面（自ら利用・保有することを目的）は、不動産固有の側面である。

B．適切。純投資としての側面（賃貸収益や価値上昇などによる利益獲得目的）は、不動産固有の側面である。

C．不適切。不動産は資産としての価値は高いが、分割しづらい特徴があることから、分割資産としての側面は有しない。

D．適切。相続財産としての側面（資産課税上の特典を享受するなど）は、不動産固有の側面である。

2. 不動産取得の判断基準

問2　不動産を取得および保有する際の判断基準について、正しいものはどれですか。

A. 自己居住用の不動産は、値上がり利益が期待できるかどうかが取得の際の判断基準となる。
B. 投資運用目的の不動産は、一定の分散投資も必要である。
C. 不動産であれば、すべてインフレ局面で成長性が期待できる。
D. 不動産は、長く保有することにより評価が上がるため、保有リスクは低い。

解　説

　不動産を取得する際の課題と投資するにあたってのメリットとデメリットを理解する。
　不動産を取得する際の判断基準は、投資目的を考慮し、その目的に合致しているかどうかが大切である。

自己居住用	自分の満足度や利便性の高い立地であるかどうか。 投資価値のみではなく、地域とのつながりや地縁的な営業権、居住地選考や地域ステータスによる満足感も判断基準となる。
投資運用用	運用成績（インカムゲイン・キャピタルゲイン）が期待できる土地や建物であるかどうか。 一定の分散投資が必要となり、投資対象の選別が重要となる。特にこれからの人口減少社会を考慮した場合、不動産であればインフレ局面で必ずしも成長性が期待できるとはいえない。
納税原資用	流動性が期待できる土地や建物であるかどうか（相続税評価額も考慮）。 相続税評価額の水準で処分できない場合もある。共有持分や区分所有の財産分割では、分割により、資産評価や流動性が低下するリスクもある。

第3章｜不動産

解答　正解　B

A．不適切。自己居住用の不動産は、投資価値のみではなく、地域とのつながりや地域ステータスによる満足感も取得する際の判断基準となる。

B．適切。投資運用目的の不動産は、投資対象の選別が重要となり、一定の分散投資が必要である。

C．不適切。これからの人口減少社会を考慮した場合、不動産であればインフレ局面で必ずしも成長性が期待できるとはいえない。

D．不適切。不動産の市場価格の変化により、相続税評価額と実勢価格のバランスが変化し、希望する価格で売却できないリスクや、財産分割により資産評価や流動性が低下するリスクもあり、長く保有することでリスクが低いとは一概にはいえない。

191

3. 不動産の物件紹介資料

> **問3** 　不動産に関する調査を行う際の、不動産の物件紹介資料について、正しいものはどれですか。

A. 分譲マンションの専有部分の面積は、内法面積で表示されることが一般的であり、壁芯面積で表示される登記記録の面積よりも数値が小さくなる。

B. 物件の所在地から最寄り駅までの徒歩による所要時間は、道路距離100mにつき1分として算出されている。

C. 収益物件の運用利回りの信頼性の評価に関し、現況利回り4％と想定利回り（満室状態）6％とした場合、現況利回りの方が低いと判断してよい。

D. 建築条件付の土地の売買の場合、売買契約から一定期間内に特定の建築業者と建築請負契約を結ぶことが条件となっている。

解　説

　不動産の物件紹介資料には、対象となる土地や建物に関する概要が記載されているので、記載事項の基本的な内容について理解する。その主な記載事項は、次の通りである。

記載事項など	内　　容
建物の面積	建物面積の表示には、「壁芯面積」と「内法面積」、「延べ床面積（壁芯面積の合計）」と「占有面積（内法面積の合計）」などが用いられる。物件紹介資料の建物の面積は「壁芯面積」で表示される。登記記録上の面積には、一戸建住宅の場合は、壁芯面積、マンションの場合は、内法面積が用いられる。
土地の面積	土地の面積は、水平投影面積（凹凸や斜面の土地でも、その土地を水平だとして測った面積）で表示される。分譲宅地などの場合、「敷地面積/100㎡～150㎡」など、最小面積と最大面積で表示される。
所在地	所在地には、登記地番と住居表示があり、不動産広告や売買契約書に記載される地番や家屋番号は、登記地番であるため、市町村が定める住居表示とは一致しない場合がある。

第3章｜不動産

記載事項など	内　容
交通の利便	徒歩による所要時間は、道路距離80mを1分として計算して表示される。電車、バスの所要時間には、待ち時間や乗換え時間は含まれない。
取引態様	不動産広告の広告主が売主であるか、媒介なのかが表示され、媒介の場合は、業者に対して仲介手数料を支払う。
建築条件付の土地	建築条件付の土地は、土地の売買にあたり、指定の建設業者によって一定の期間内に建物を建築することが条件となっているものをいい、土地のみの販売はされない。
収益物件の利回り	収益物件の利回りは、「年間収入÷購入金額（投資金額）」により計算される。 この場合、「表面利回り収入（運用経費を見込まない）」や、「純収入利回り（運用経費を差引いた純収入）」などがある。 また、「満室を想定した収入による想定利回り」や、「現在契約済みの賃料収入による現況利回り」などがある。

解答　正解　D

A．不適切。分譲マンションの物件紹介資料の専有部分の面積は、壁芯面積で表示されることが一般的であるため、内法面積で表示される登記記録の面積よりも数値が大きくなる。

B．不適切。物件の所在地から最寄り駅までの徒歩による所要時間は、道路距離80mにつき1分（1分未満の端数は切り上げ）として算出した数値により表示しなければならない。

C．不適切。収益物件の運用利回りについて、現況利回り（現在契約済みの賃料収入によるもの）4％と想定利回り（満室状態によるもの）6％とした場合、現況利回りは、空室の賃料収入を含まずに計算されているため、必ずしも現況利回りの方が低いとは判断できない。

D．適切。土地の売買にあたり、「建築条件付」の表記がある場合、売買契約から一定期間内に指定の建設業者などと建築請負契約を結ぶことが条件となっている。

4．不動産の公的評価

問4　不動産の公的な評価について、正しいものはどれですか。

A．公示価格は、一般の土地取引の指標として公示される価格で、国土交通省の土地鑑定委員会により、毎年1月1日現在における1㎡当たりの更地の価格として3月下旬に公表される。

B．基準地標準価格は、公示価格を補完する目的で、毎年4月1日現在の土地の価格として9月下旬に公表される。

C．相続税路線価は、相続税や贈与税を計算する際の基礎となる価格で、毎年1月1日現在の価格が7月上旬に国税局より公表され、その価格は公示価格の概ね70％相当とされる。

D．固定資産税評価額は、固定資産税などを計算する際の基礎となる価格で、市町村により毎年評価替えが行われ、その価格は公示価格の概ね80％相当水準とされる。

解　説

　不動産の公的評価について理解する。

　不動産の公的評価については、公示価格、基準地標準価格、相続税路線価、固定資産税評価額の4種類があり、その詳細は次の通りである。

	公示価格	基準地標準価格	相続税路線額	固定資産税評価額
内容	一般の土地取引の指標として公示される標準地の価格	公示価格を補完する目的で公表される標準地の価格	相続税や贈与税の算出の基礎となる価格	固定資産税・都市計画税・不動産取得税・登録免許税などの算出の基礎となる価格
決定機関	国土交通省	都道府県知事	国税局長	市町村長
評価時点	毎年1月1日	毎年7月1日	毎年1月1日	評価年度の前年の1月1日（3年に1回）

第3章｜不動産

	公示価格	基準地標準価格	相続税路線額	固定資産税評価額
公表日	3月下旬	9月下旬	7月1日	4月1日
公示価格に対する比率	－	－	約80%	約70%
閲覧公表場所	市町村役場および国土交通省のホームページ	市町村役場および都道府県のホームページ	税務署および国税庁のホームページ	市町村役場※所有者および利害関係者のみ閲覧可

解答　正解　A

A. 適切。地価の公示価格は、一般の土地取引の指標として公示される標準地の価格のことで、国土交通省の土地鑑定委員会が毎年1月1日現在の土地の価格を3月下旬に公表している。価格は更地1㎡当たりの価格を示している。

B. 不適切。都道府県が地価調査する基準地標準価格とは、公示価格を補完する目的で公表される標準地の価格で、都道府県が毎年7月1日現在の標準地の価格を9月下旬に公表するものである。

C. 不適切。相続税路線価とは、相続税や贈与税を計算する際の基礎となる価格であり、国税局が毎年1月1日現在の価格を7月上旬に公表するものである。なお、相続税路線価は、公示価格の概ね80%を価格水準の目安としている。

D. 不適切。固定資産税評価額は、固定資産税や登録免許税などを計算する際の基礎となる価格であり、原則として、3年ごとの基準年度において市町村により評価替えが行われ、その価格は公示価格の概ね70%を目安としている。

5. 不動産鑑定評価の基本的手法

問5　不動産鑑定士などが不動産の価格を求める基本的手法について、正しくないものはどれですか。

A. 原価法
B. 収益分析法
C. 取引事例比較法
D. 収益還元法

解　説

　不動産の価格を求める鑑定評価の基本的手法について理解する。

　不動産の取引価格は、個々の事情に左右されるため、必ずしも適正な価格が表示されているとはいえない。そのため、不動産鑑定士などによる鑑定評価が必要となるが、その鑑定評価の基本的手法は次の通りである。

評価方式	内　容
原価法	対象不動産の再調達原価（新規調達に要する費用など）に基づいて、価格を決定する方法である。対象不動産が、建物や建物とその敷地で、再調達原価の把握および減価修正を適正に行える場合や、土地の再調達原価を適正に求められる造成地や埋立地である場合に有効である。
取引事例比較法	近隣地域や同一需給圏内の類似地域から、多数の取引事例による取引価格を選択する方法である。実際の取引価格について、売り急ぎや買い進みといった事情が存在する場合には事情補正を、また取引事例の取引時点が価格算定時点と異なるときは、時点修正を行い、かつ地域要因および個別要因などの比較を行って価格を求める方法である。

第3章｜不動産

評価方式	内　容
収益還元法	不動産が将来生み出すであろうと期待される純収益の現在価値の総和を求めることにより、不動産の価格を求める方法である。一定期間の純収益を還元利回りにより還元する方法（直接還元法）と、一定期間の純収益および復帰価格を、その発生時期に応じて、現在価値に割引き、それぞれを合計する方法（DCF法）とがある。

解答　正解　B

A．適切。原価法は対象不動産の再調達原価を用いる方法で、不動産鑑定評価の基本的手法とされる。

B．不適切。収益分析法は、賃料を求める際、純収益を還元利回りで還元して求める方法で、企業用不動産に帰属する純収益を求め得る場合などに有効である。

C．適切。取引事例比較法は多くの取引事例による価格により求める方法で、不動産鑑定評価の基本的手法とされる。

D．適切。収益還元法は対象不動産が将来生み出すであろう収益により求める方法で、不動産鑑定評価の基本的手法とされる。

6. 不動産価格の変動要因

問6　不動産と金融商品との関係について、正しくないものはどれですか。

A．不動産は景気の影響を受けにくいため、価格は安定している。

B．不動産価格と債券の価格には関連性がある。

C．不動産価格と株式の価格には関連性がある。

D．不動産価格と株価は短期的には異なった動きをするが、中長期的には連動した動きとなる。

解　説

　不動産の価格に影響を与える要因などについて理解する。

　不動産の価格は、一般的に、景気や物価変動、金利動向や需給関係の影響により大きく変動する傾向がある。一方で、家賃収入など（インカムゲイン）は、景気の影響を受けにくく、比較的安定している。

　株式は、景気に敏感に反応する資産であるのに対して、不動産は、株式と比較した場合には遅行して動く傾向にあり、短期的には異なった動きをすることもある。

　また、不動産の価格は、さまざまな要因によって決定されるが、収益還元法により評価されるケースが多く見受けられ、その計算方法は次の通りである。

$$収益還元法：不動産価格 = \frac{キャッシュ・フロー（純収益）}{還元利回り（運用利回り）}$$

第3章｜不動産

　この場合の還元利回り（運用利回り）は、「リスクフリーレート（長期国債利回り）＋リスクプレミアム（不動産投資によるプラスアルファの利回り）」などにより構成される。よって、長期国債利回り（市場金利）が低く推移している場合には、不動産価格の上昇要因と考えることができる。

　市場金利の変動により、債券価格も変動するため、収益還元法による不動産価格の計算に基づいた場合、債券価格と不動産価格の変動には関連性があるといえる。

解答　正解　A

A．不適切。不動産の価格は、景気や物価変動、金利動向や需給関係の影響により、大きく変動する傾向がある。

B．適切。市場金利の変動により、債券価格は変動するが、長期国債利回り（市場金利）が低く推移している場合には、不動産価格の上昇要因と考えることができるため、収益還元法による不動産価格の計算に基づいた場合、債券価格と不動産価格の変動には関連性があると判断できる。

C．適切。不動産の価格と株式の価格は、景気や物価変動などの影響により変動するため、不動産と株式の価格の変動には関連性がある。

D．適切。株式は、景気に敏感に反応する資産であるのに対して、不動産は、株式と比較した場合には遅行して動く傾向にあり、短期的には異なった動きをするが、中長期的には上記C.の関連性から、連動した動きとなる。

199

7. 不動産取引の留意点

問7 不動産取引の際の留意点について、正しいものはどれですか。

A. 土地売買における実測取引とは、売買対象面積を登記記録上の面積とし、実際の測量面積との間に差異があった場合でも、代金の増減精算を行わない旨を定めて行う売買方法である。

B. 不動産の売買契約の際の重要事項説明書は、まとめて確認すればよいので、とりあえず署名・押印する。

C. 不動産取引において、買主が手付金を支払った場合に、売主が契約の履行に着手していても、買主は手付金を放棄すれば契約を解除できる。

D. 自己の所有するマンションの賃貸を自ら業として行う場合（宅地・建物の賃貸業や管理業）は、宅地建物取引業者の免許は不要である。

解 説

不動産取引の際の留意点について理解する。

(1) 実測取引と公簿取引

実測取引と公簿取引の相違点は、次の通りである。

実測取引	登記記録の面積に基づいて売買契約を締結したのち、地籍を実測し、その実測面積と登記記録の面積に差が生じていた場合には、実測精算（売買代金の増減精算）を行う。
公簿取引	売買対象面積を登記記録上の面積として契約し、実測した結果が、登記記録の面積と相違していた場合でも、実測精算（売買代金の増減精算）を行わない。

(2) 売買契約の締結

売買契約の締結前には、文書による重要事項の説明を受けることになるが、契約内容や対象不動産に関する重要な内容についての説明であるため、納得するまで説明を求めることが重要である。

第3章｜不動産

　また、売買契約の締結後には、一定の手付金の授受が行われるが、特に定めのない限り、手付金は解約手付と推定され、買主が売主に手付金を支払った後、契約の相手方が契約の履行に着手するまでは、買主は手付金を放棄して、売主は手付金の倍額を買主に償還して契約を解除することができる。ただし、買主がさらに売買代金の一部を支払った場合や、売主が目的物の引渡しを行った（契約の相手方が履行に着手した）場合には、売主は手付金の倍額償還による売買契約の解除を、買主は手付金を放棄した売買契約の解除を、それぞれ行うことはできない。

解答　正解　D

A．不適切。実測取引とは、土地の売買契約において、その土地の登記記録の面積と実測面積とが相違している場合に、その面積の差に基づく売買代金の増減精算を行う方法をいう。これに対し、「公募面積（登記記録上の面積）」で売買代金を確定させ、その土地の実測面積と相違していても、売買代金の増減精算を行わない取引を「公簿取引」という。

B．不適切。不動産の売買契約の際の重要事項説明書は、契約締結前の文書による契約内容や対象不動産に関する重要な事項についての説明であるため、十分に納得した上で署名・押印する必要がある。

C．不適切。買主が売主に手付金を支払った後、売主が目的物の引渡しを行った（契約の相手方が履行に着手した）場合には、買主は手付金を放棄して売買契約を解除することはできない。

D．適切。宅地建物取引業とは、宅地・建物の「売買・交換」、「売買・交換または貸借の代理」、「売買・交換または貸借の媒介」であり、これらの業務を行うには、宅地建物取引業の免許が必要となる。賃貸マンションの所有者が、自ら業としてその所有するマンションを賃貸することは、宅地建物取引業に該当しないため、宅地建物取引業者の免許は不要である。

201

8. 不動産の媒介契約

問8 不動産を売買する場合には不動産業者（宅地建物取引業者）に依頼するのが一般的であるが、その場合の留意点について、正しいものはどれですか。

A. 不動産の売却を不動産業者に依頼して一般媒介契約を結んだ場合でも、購入希望者を自分で見つけることも可能である。

B. 不動産業者と専任媒介契約を結んでいても、他の業者に重ねて依頼することができる。

C. 不動産業者と専属専任媒介契約を結ぶ際、契約期間には有効期間があるが、有効期間を超える期間の契約を結んだ場合には、媒介契約そのものが無効となる。

D. 不動産業者と専任媒介契約を結んだ後に、契約期間を更新する場合には、不動産業者から申し入れがあった場合にのみ更新が認められる。

解　説

　不動産を売買する際の媒介契約について理解する。

　不動産を売買する場合には、不動産業者に依頼するのが一般的であるが、その場合の媒介契約には3つの種類があり、契約内容は次の通りである。

	一般媒介契約	専任媒介契約	専属専任媒介契約
内　容	他の業者に重ねて依頼できる。 自己発見取引は認められる。	他の業者に重ねて依頼できない。 自己発見取引は認められる。	他の業者に重ねて依頼できない。 自己発見取引も認められない。

第3章｜不動産

	一般媒介契約	専任媒介契約	専属専任媒介契約
有効期間	制限なし	\multicolumn{2}{c}{3ヵ月以内（3ヵ月を超える旨の特約は無効となり3ヵ月に短縮される）}
更新	制限なし	更新は、依頼者の申し入れがある場合に限られ、更新後の新たな有効期間も3ヵ月以内である。	
報告義務	なし	あり（2週間に1回以上）	あり（1週間に1回以上）

解答　正解　A

A. 適切。不動産業者と一般媒介契約を結んだ場合でも、取引相手を自分で見つける自己発見取引は可能である。

B. 不適切。不動産業者と専任媒介契約または専属専任媒介契約を結んだ場合には、他の業者に重ねて依頼することはできない。

C. 不適切。不動産業者と専任媒介契約または専属専任媒介契約を結んだ場合、契約期間には3ヵ月の有効期間があるが、有効期間を超えて契約をした場合にも、有効期間の上限である3ヵ月間の契約は有効となり、3ヵ月を超える部分の契約が無効となる。

D. 不適切。不動産業者と専任媒介契約または専属専任媒介契約を結んだ後に、契約期間を更新できるのは、依頼者からの申し入れがあった場合に限られる。

9. 不動産の登記記録

問9　不動産の登記記録について、正しくないものはどれですか。

A. 不動産の土地登記記録は1筆ごと、建物登記記録は1個ごとに作成されるが、登記記録の表題部に記録される地番や家屋番号は、市町村が定める住居表示と必ずしも一致しない。

B. 不動産の登記記録の権利部（甲区）には所有権の保存登記、移転登記および差押え等、所有権に関する事項が記録され、共有の場合には持分割合も記録される。

C. 不動産の登記記録には公信力があるため、登記記録を信じて無権利者と取引した場合には、法律による保護を受けられる。

D. 仮登記をしてもその権利を第三者に対抗できないが、仮登記に基づく本登記をすると、第三者に対抗できる。

解　説

　不動産の登記記録について理解する。

　不動産の登記記録は、表題部と権利部（甲区と乙区）に区分され、記録内容は次の通りである。

項目	内　容
表題部	土地または建物の概要を表わす表示に関する事項が記載され、土地については、所在・地番・地目・地積・所有者等が、建物については、所在・家屋番号・種類・構造・床面積・所有者等が記載される。また、登記記録の表題部に記録される地番や家屋番号は、市町村が定める住居表示とは一致しない場合がある。
権利部（甲区）	所有権に関する事項が記載され、所有権移転仮登記や買戻権が記載される。
権利部（乙区）	所有権以外の権利（地上権・抵当権・不動産賃借権等）に関する事項が記載される。

第3章｜不動産

また、不動産の登記記録の主な効力は、次の通りである。

効力	内　容
公信力	不動産登記には、推定力（登記記録どおりの実体関係があるものと推定されること）はあるが公信力（登記名義人が真実の権利者でない場合でも、一定の要件のもとでその権利を取得することが認められること）はない。 したがって、登記記録の内容が真実であると信じて無権利者と取引した場合であっても、法律による保護は受けられない。
対抗力	不動産登記を備えることで、第三者に対して対抗〔権利関係を主張〕することができる。なお、将来要件が備わった場合に、なすべき本登記の登記記録上の順位を確保しておくためになされる登記を仮登記という。仮登記のままでは対抗力を有しないが、仮登記に基づいて本登記をすることで、第三者に対して対抗することができる（仮登記には、順位保全の効力がある）。

解答　正解　C

A．適切。登記記録は、1筆（1区画）の土地または1個の建物ごとに表題部と権利部に区分して作成される。また、登記記録の表題部に記録される地番や家屋番号は、市町村が定める住居表示とは必ずしも一致しないため、不動産の売買取引などでは、住居表示と地番・家屋番号を照合する必要がある。

B．適切。権利部（甲区）には所有権に関する事項が記録され、買戻し特約や差押なども甲区に記録される。また、所有者が複数の場合、共有持分も記録される。

C．不適切。不動産登記には公信力がないため、登記記録の内容が真実であると信じて無権利者と取引した場合であっても、法律による保護は受けられない。

D．適切。仮登記は、後日行われる本登記のため順位の保全を目的として行う予備登記であるため、仮登記をしてもその権利を第三者に対抗できないが、仮登記に基づいて本登記をすると第三者に対抗できる。

10. 不動産のファイナンス

問10　不動産のファイナンスについて、正しくないものはどれですか。

A. 個人の居住用建物を取得するための住宅ローンと、事業用建物を取得する場合の住宅ローンの適用金利には差はない。
B. リコースローンは、不動産から得られる収入などにより、元利金の返済ができなくなった場合、借入人は残債務を返済する義務を負う。
C. ノンリコースローンは、投資不動産から得られるキャッシュ・フローのみを返済原資とし、不動産を売却しても返済できない残債務について、借入人は返済義務を負わない。
D. リコースローンとノンリコースローンを比較した場合には、一般的にはノンリコースローンの方が金利等の融資条件は厳しい。

解　説

　不動産のファイナンスについて理解する。

　不動産の投資資金の融資を受ける場合には、投資する不動産を担保として提供し、自らが債務者となって金融機関等と金銭消費貸借契約を締結するのが一般的であるが、その際にはリコースローンとノンリコースローンの2タイプがある。

種　類	内　容
リコースローン	わが国の一般的な不動産担保ローンの形態で、債務者がローンの返済ができなくなり、担保不動産を売却して債務返済に充当しても債務が残ると、債務者は残りの債務の支払い義務を負う。なお、個人の居住用建物を取得するための住宅ローンと事業用建物を取得するための住宅ローンの適用金利を比較すると、事業用建物取得の適用金利の方が、貸倒リスクのコストが上乗せされているので、高く設定されているのが一般的である。

種 類	内 容
ノンリコースローン	アメリカにおける主流のローンの形態で、ローン等の返済についての原資となる範囲に限定を加えた融資の方法で、担保不動産から得られるキャッシュ・フローのみを返済原資とする。仮に担保不動産を売却してもなお債務が残った場合、債務者に残りの債務の支払い義務はない。 そのため、リコースローンと比較すると、債務者にとって担保以上の責任を負わないメリットがあり、リスクは融資側が負担することになるので、上乗せ金利が適用され、融資に対する審査も厳しくなる。

解答　正解　A

A. 不適切。個人の居住用建物を取得するための住宅ローンと事業用建物を取得するための住宅ローンの適用金利を比較した場合、貸倒リスクのコストが上乗せされているなどの理由により、一般的には、事業用建物を取得する場合の住宅ローンの適用金利の方が高く設定されている。

B. 適切。リコースローンは、従来の不動産担保型の融資方法で、債務者がローンの支払いができなくなった場合、担保となっている不動産を売却し債務返済に充てても、なお債務が残る場合、債務者には残債務の支払い義務がある。

C. 適切。ノンリコースローンは、ローン等の返済原資となる範囲に限定を加えた融資の方法で、投資不動産から得られるキャッシュ・フローのみを返済原資とし、不動産を売却して債務が残った場合には、債務者は返済義務を負わない。

D. 適切。リコースローンとノンリコースローンを比較した場合、ノンリコースローンは、債務者にとって、担保以上の責任を負わなくてよいというメリットがあり、融資側がリスクを負担することになる。このため、一般的にはノンリコースローンには上乗せ金利が適用され、融資に対する審査は厳しくなる。

11. 不動産投資の課題

> ### 問11　不動産投資に伴う特徴的な課題について、正しくないものはどれですか。

A. 修繕がかさむ年度には、収益以上の支出が必要となり、運用リターンがマイナスとなることもある。

B. 大規模修繕実施の時期、入居者募集・選定方法、売却のタイミングなど、オーナーが行う判断により運用成績が変動する。

C. 売却したいタイミングにスムーズに売却するために、隣地との境界の認識を共有しておくことなども重要である。

D. 事故や損害賠償によるリスクに備える必要はあるが、投資元本以上のロスが生じる可能性は低い。

解　説

不動産への投資には、金融資産と異なる課題があることを理解する。不動産投資の特徴的な課題は、次の通りである。

(1)　運用リターンがマイナスとなる年度がある
修繕がかさむ年度には、年間収益以上の支出が必要となる場合があり、収入がゼロで支出だけが必要となる可能性もある。
(2)　投資元本以上のロスが生じる可能性がある
事故や損害賠償、土壌汚染などの処理費用により、当初投資した元本以上の費用の支払いが必要となる可能性もある。
(3)　運用主体（オーナー）の判断により運用成績が異なる
大規模修繕の実施時期のタイミングや、入居者募集・選定方法、売却の方法やタイミングなど、運用主体（オーナー）が行う判断により運用成績が変動する。

第3章｜不動産

⑷　流動性リスクが大きくなりがちである

売却したいタイミングに時価で売却できるかどうかという課題があり、買い進みや売り急ぎが価格に与える影響も大きい。売却したいタイミングにスムーズに売却するために、隣地との境界の認識を共有しておくことや、土地の瑕疵（埋設物や土壌汚染など）、建物の瑕疵（アスベスト使用建材やPCBなど）を調査し、必要に応じた改善策を講じることなど、事前準備も重要である。

解答　正解　D

A．適切。収入に比べ支出は年による振れが大きく、修繕がかさむ年度には、年間収益以上の支出が必要となるなど、運用リターンがマイナスとなることもある。

B．適切。金融経済や住宅を巡る環境の変化もあり、大規模修繕の実施時期のタイミングや、入居者募集・選定方法、売却の方法やタイミングなど、オーナーの判断により運用成績が変動する。

C．適切。売却したいタイミングにスムーズに売却するためには、隣地との境界の認識を共有しておくことや、土地の瑕疵や建物の瑕疵を調査し、必要に応じた改善策を講じることも重要である。

D．不適切。事故や損害賠償、土壌汚染などの処理費用により、当初投資した元本以上の費用の支払いが必要となる可能性もある。

209

12. 不動産投資のリスクとリターン

> **問12　不動産投資のリスクとリターンの特性について、正しくないものはどれですか。**

A．投資用の賃貸不動産の運用リターンは比較的安定しているため、不動産ごとのばらつきは小さい。

B．不動産の実際の取引価格は、売却方法や買い手の有無、取引条件などの事情によって変動し、そのブレ幅は大きい。

C．不動産ごとの短期間の運用成績は、ボラティリティが高い傾向にあるため、不動産投資の運用特性であるミドルリスク・ミドルリターンを享受するためには、中長期的な視点での運用が必要である。

D．富裕層の不動産の投資目的は、運用成績のほかに、心理的な効用もあるため、投資目的に沿った不動産のアセットアロケーション、投資ポートフォリオの構築も必要である。

> **解　説**

不動産投資のリスクとリターンの特性について理解する。

不動産は、収入・価格が変動する市場リスクや購入・売却する際の流動性リスクが大きい資産であるが、不動産投資のリスクとリターンの特性は、次の通りである。

(1)　運用リターンは比較的安定しているが、不動産ごとのばらつきは大きい
投資用の賃貸不動産の運用リターンは、５％前後と比較的安定しているが、不動産ごとには、空室率の高い年や大規模修繕が必要な年には、運用リターンがマイナスになるなど、ばらつきが大きく、必ずしも安定的とはいえない。
(2)　資産の評価額の変動以上に実際の取引価格がブレる
公示価格や鑑定評価の理論価格の変動は、年数％にとどまことが多いが、実際に取引される価格は、売却方法や買い手の有無、

第3章｜不動産

競合先の多寡、取引条件を決定する際の事情などに左右され、時に数十％変動するなどブレ幅が大きい。
⑶　不動産ごとの年次の投資成績はブレが大きく、中長期の視点が重要
不動産ごとの運用成績を短期間で評価すると、運用成績のボラティリティ（変動性）は非常に高くなる傾向にあるため、不動産投資の運用特性であるミドルリスク・ミドルリターンを享受するためには、中長期的な視点で複数の不動産を運用することも必要である。
⑷　投資成績や投資成果のほかに、心理的な効用も無視できない
富裕層の不動産投資の目的は、運用成績のみとは限らず、地域の名士であれば、そのエリアの不動産を保有することに意義がある場合もあるため、投資目的に沿った不動産のアセットアロケーション、投資ポートフォリオの構築も必要である。

解答　正解　A

A．不適切。投資用の賃貸不動産の運用リターンは比較的安定しているが、不動産ごとには、空室率の高い年や大規模修繕が必要な年には、運用リターンがマイナスになるなど、ばらつきは大きい。

B．適切。不動産の理論価格（公示価格や鑑定評価など）の変動は、年数％程度にとどまことが多いが、実際の取引価格は、売却方法や買い手の有無、取引条件などの事情に左右されて変動することもあり、ブレ幅は大きい。

C．適切。不動産ごとの運用成績を短期間で評価した場合、貸室の稼働率や修繕費の有無などによってボラティリティは高くなる傾向にあり、ミドルリスク・ミドルリターンの不動産投資の運用特性を享受するためには、中長期的な視点での運用が必要である。

D．適切。富裕層の不動産の投資目的は、運用成績のほかに、そのエリアの不動産を保有することに意義を見出す心理的な効用もあるため、投資目的に沿った不動産のアセットアロケーション、投資ポートフォリオの構築も必要である。

13. 不動産投資の外部専門家

> **問13** 不動産に関する提案とその実行については、外部の専門家のサポートが必要となるケースが多く見受けられるが、専門家の選択方法などに関する説明について、正しいものはどれですか。

A．優良な不動産を購入したい場合、ほとんどの業者はレインズなどの不動産情報を入手できるため、どの業者に依頼しても購入する物件に大きな差はない。

B．不動産を売却する場合には、業者によって得意な分野が異なるため、不動産の状況に応じて業者を選定することが必要となる。

C．不動産を賃貸する場合には、賃料の設定や入居者の勧誘などは、オーナーの判断が重要となるため、賃貸業者のアドバイスは必ずしも必要ではない。

D．建物の維持保全などは、建物管理委託業者へ依頼するのが一般的であるが、建物委託管理費は業者による差は大きくないため、管理委託費の安い業者を選定することが重要である。

解　説

　不動産に関連する外部の専門家の特徴や選定方法について理解する。

　外部の専門家のサポートなしに、不動産に関して満足のいく提案と実行は難しいため、専門家の特徴を知っておく必要がある。

項目	特徴など
購入	不動産の売却物件情報は、レインズ（REINZ）などの不動産売買ネットワークに登録されている情報のほかに、未登録の情報もある。業者や担当者の選定により、購入する物件の結果が大きく異なるため、得意・不得意分野などの情報収集も重要である。 ・業者：設立履歴・得意先・仲介実績など ・担当者：経験年数・仲介履歴・相場観・紹介物件の確度など

第3章｜不動産

項目	特徴など
売却	不動産業者によって得意分野も異なるため、不動産の状況により業者の選定を行うことが重要である。 ・金融機関系の業者は、情報量が多く、購入者の信頼度が高い。 ・大手不動産会社系列の業者は、情報量が多く、購入者の意欲把握が的確である。 ・地域密着型の業者は、地域内の情報に強く、担当者による経験の差が大きい。
賃貸	賃貸募集業者により、稼働率が大きく異なるので、改修や賃料変更の際には、そのアドバイスが必須となる。入居者の勧誘は信頼できる賃貸募集業者と二人三脚で行う必要がある。
管理	建物の維持保全などは、建物管理委託業者へ依頼するが、建物委託管理費は、委託費の見積もり合わせなどにより、市場水準まで下げることで、キャッシュ・フローと資産価値を向上させることができる。ただし、管理の質が低下すると入居者の不満が大きくなり、建物の修繕費がかえって高くなる場合もあるため、管理の質も考慮して業者を選定することが重要である。

解答　正解　B

A. 不適切。ほとんどの業者が入手できるレインズなどの不動産売買ネットワークに登録されている情報のほかに、登録されていない情報があるため、優良な不動産を購入したい場合、依頼する業者や担当者により、購入する物件の結果は大きく異なる。

B. 適切。不動産は物件により流動性が大きく異なり、業者によって得意な分野が異なるため、不動産を売却する場合には、不動産の状況に応じて業者を選定することが重要である。

C. 不適切。不動産を賃貸する場合には、賃貸募集業者により、稼働率が大きく異なることもあり、賃料の設定や入居者の勧誘などには、賃貸募集業者のアドバイスが必須となる。

D. 不適切。建物の維持保全を建物管理委託業者へ依頼する場合、業者により建物委託管理費の差は小さいが、管理委託費の安さだけではなく、管理の質も考慮して業者を選定することが重要である。

14. 固定資産税

問14 　固定資産税に関する説明について、正しくないものはどれですか。

A. 固定資産税は、土地や建物などについて、毎年4月1日現在の所有者として登録されている者に対して課せられる市町村税であるため、年度の途中で所有者が変わっても納税義務者は変わらない。

B. 小規模住宅用地については、課税標準が固定資産税評価額の6分の1になる軽減特例がある。

C. 一定の新築建物については、5年間にわたり固定資産税額が2分の1に減額される措置がある。

D. 固定資産税の標準税率は1.4%であるが、市町村はこの税率よりも高く設定することができる。

解　説

　不動産を保有する際に課せられる固定資産税について理解する。

　固定資産税は、賦課期日（毎年1月1日）において固定資産を所有している者に対して、固定資産の所在地の市町村が課する税金であり、基本的な内容は次の通りである。

項　目	内　容
課税対象	・土地（宅地や田畑、山林など） ・家屋（住宅や店舗など） ・償却資産（機械装置、船舶や航空機などの事業用資産）
納税義務者	賦課期日（毎年1月1日）において、固定資産課税台帳に所有者として登録されている者

第3章｜不動産

項　目	内　容
課税標準	固定資産税評価額（3年に1度評価替えされる） 【軽減特例】 ・小規模住宅用地：固定資産税評価額×6分の1 ・一般住宅用地：固定資産税評価額×3分の1 　※小規模住宅用地は、一般住宅用地のうち200㎡までの部分をいう。 　　住宅用地が300㎡である場合、200㎡は6分の1、残り100㎡は3分 　　の1に減額される。
税率	標準税率：1.4％（市町村により異なる税率に設定することができる）
税額軽減 措置	平成28年3月31日までに条件に該当する新築建物を取得した場合には、床面積のうち120㎡までの部分にかかる固定資産税額が一定の期間2分の1に減額される。 ・認定長期優良住宅に該当する場合は、固定資産税が課される年度から5年間（地上階数3以上の中高層耐火建築物であるときは7年間） ・一般住宅の場合は、固定資産税が課される年度から3年間（地上階数3以上の中高層耐火建築物であるときは5年間）

解答　正解　A

A．不適切。固定資産税は、土地や建物などについて、毎年1月1日現在、固定資産課税台帳に所有者として登録されている者に対して課せられる市町村税であるため、年度の途中で所有者が変わっても納税義務者は変わらない。

B．適切。固定資産税における小規模住宅用地（200㎡以下の部分）については、課税標準が固定資産税評価額の6分の1、一般住宅用地（200㎡を超える部分）については、課税標準が固定資産税評価額の3分の1となる軽減特例がある。

C．適切。平成28年3月31日までに条件に該当する新築建物を取得した場合については、5年間（構造および地域などにより3年間または7年間）にわたり、固定資産税額が2分の1に減額される。

D．適切。固定資産税の標準税率は1.4％であるが、市町村は任意にこの税率よりも高く設定したり、低く設定したりすることができる。

215

15. 登録免許税

問15　不動産の取得に伴う登録免許税に関する説明について、正しいものはどれですか。

A．登録免許税は、固定資産税評価額に一定の税率を乗じて計算する。

B．登録免許税は、固定資産税評価額の2分の1に一定の税率を乗じて計算する。

C．登録免許税は、固定資産税の課税標準に一定の税率を乗じて計算する。

D．登録免許税は、固定資産税の課税標準の2分の1に一定の税率を乗じて計算する。

第3章｜不動産

解　説

　登録免許税について理解する。

　登録免許税は、売買や贈与等による所有権の移転や、抵当権等の設定など、不動産の登記等を申請する際に、登記等を受ける者に対して課される国税であり、課税対象などの基本的な内容は次の通りである。

項　目	内　容
課税対象	不動産、会社、船舶、人の資格などの登記や登録、特許、免許など
納税義務者	登記や登録等を受ける者
課税標準	不動産の価額（固定資産税評価額）など
税率	不動産の取引に関する税率 ・所有権保存：不動産の価額の1000分の4 ・所有権移転：相続 … 不動産の価額の1000分の4 　　　　　　　贈与・売買 … 不動産の価額の1000分の20 ・抵当権の設定：債権金額の1000分の4
税額軽減措置	平成29年3月31日までの土地の売買による所有権移転登記については、不動産の価額の1000分の15が適用される。 また、平成29年3月31日までの一定の住宅用家屋については、下記の軽減税率が適用される。 ・所有権保存：不動産の価額の1000分の1.5 ・所有権移転：不動産の価額の1000分の3 ・抵当権設定：不動産の価額の1000分の1

解答　正解　Ａ

　不動産を取得した際の登録免許税の税額は、課税標準に一定の税率を乗じて計算する。この場合の課税標準は、固定資産税評価額となる。固定資産税は、負担調整措置により、課税標準が固定資産税評価額よりも低くなるため、登録免許税と固定資産税の課税標準は異なる。

　したがって、正解はＡである。

16. 不動産取得税

問16　不動産取得税に関する説明について、正しいものはどれですか。

A. 不動産取得税は、登記の有無を問わず、不動産を売買、相続や贈与、新築などにより取得した場合に、課される都道府県税である。

B. 住宅用地を取得する場合、その用途を問わずに、課税標準が固定資産税評価額の2分の1になる軽減特例がある。

C. 一定の新築建物については、取得価格から1,200万円を控除した金額が課税標準になる軽減特例がある。

D. 不動産取得税の税率は、住宅用地および住宅建物は3％、住宅用地以外の土地および住宅建物以外の建物は4％である。

解　説

不動産取得税について理解する。

不動産取得税は、売買や贈与により不動産を取得した者に対して、その不動産が所在する都道府県により課される税金であり、課税対象などの基本的な内容は次の通りである。

項　目	内　容
課税対象	不動産の取得
納税義務者	不動産の取得者
課税標準	不動産の価額（固定資産税評価額） 【軽減特例】 ・住宅用地を取得した場合には、その用途（居住用または賃貸用）にかかわらず、固定資産税評価額の2分の1が課税標準となる。 ・新築住宅を取得した場合には、固定資産税評価額より1,200万円（長期優良住宅に該当する場合には1,300万円）を控除した金額となる。 ・中古住宅を取得した場合には、建築された時期に応じて、100万円から1,200万円を控除した金額となる。

第3章｜不動産

項　目	内　容
税率	本則：4％ ・住宅建物：3％ ・住宅以外の建物：4％ ・土地（住宅用地および住宅用地以外の土地）：3％ ※平成30年3月31日までに取得した住宅建物および土地に対する 　税率は3％
税額軽減措置	一定の住宅を取得した場合には、下記のいずれか多い金額が土地 の取得に係る税額から減額される。 ・45,000円 ・土地1㎡あたりの価格×住宅の床面積の2倍（200㎡を限度）×3％ ※平成30年3月31日までに取得した住宅用地は、土地の価格を2 　分の1にしてから1㎡当たりの価格を計算する。

解答　正解　B

A．不適切。不動産取得税は、登記の有無を問わず、不動産を売買、贈与、新築、増改築、交換などにより取得した場合に、課される都道府県税であるが、相続により取得した場合には課税されない。

B．適切。住宅用地を取得する場合、その用途を問わずに、課税標準が固定資産税評価額の2分の1になる軽減特例があり、特定の住宅用地に該当する場合には、さらに一定額の税額軽減措置が適用できる。

C．不適切。一定の新築建物については、自宅および貸付用住宅ともに、固定資産税評価額から1,200万円を控除した金額が課税標準になる軽減特例があるが、長期優良住宅の要件を満たす住宅については、固定資産税評価額から1,300万円を控除した金額が課税標準となる。

D．不適切。不動産取得税の本則税率は4％であるが、平成30年3月31日までに取得した土地（用途は問わない）および住宅建物の税率は3％、住宅建物以外の建物の税率は4％である。

219

17. 印紙税

> **問17** 印紙税に関する説明について、正しくないものはどれですか。

A. 売買契約書に係る印紙税は、売買契約書に記載されている契約金額を課税標準として計算した金額の収入印紙を貼付しなければならない。

B. 売買契約書の仮契約書や、不動産売買に係る契約内容を補充する念書および覚書については、印紙税の課税対象とはならない。

C. 売買契約書に収入印紙が貼付されていない場合でも、売買契約自体は有効である。

D. 売買契約書に収入印紙が貼付されている場合でも、消印がない場合には過怠税の対象となる。

解 説

　不動産の売買契約書などの課税文書に対して課税される印紙税について理解する。

　印紙税は、一定の文書に印紙を貼付することにより納付する国税である。売買契約書、借地権設定契約書、借入れの際の金銭消費貸借契約書などが、印紙税の貼付を要する文書である。課税文書かどうかは、文書の名称や形式的な文言ではなく、記載された文言の実質に基づいて判断される。課税対象などの内容は次の通りである。

第3章｜不動産

項　目	内　容
課税対象	課税文書 ・不動産の売買契約書等、金銭消費貸借に関する契約書、請負に関する契約書、売上代金に係る金銭または有価証券の受取書（領収書） 課税される契約書は、正本・副本、控えなどの表示をしても当事者の署名や捺印がある場合には、そのすべてに印紙を貼付しなければならない。ただし、署名や捺印した文書のコピーは、課税対象とならない。
納税義務者	課税文書の作成者
課税標準	契約書等の記載金額（金額記載のない課税文書は、200円の印紙税が課税）
税額	契約書の記載金額に応じて「200円から600,000円」
税額軽減措置	平成30年3月31日までに作成された売買契約書などは軽減措置が設けられている。
納付方法	売買契約書に収入印紙を貼付し、文書と印紙の彩紋とにかけて消印する。収入印紙が貼付されていない場合や、収入印紙に消印がない場合には、過怠税の対象となる。 課税文書に収入印紙を貼付しなかった場合でも、売買契約は有効である。

解答　正解　B

A. 適切。売買契約書に係る印紙税は、売買契約書に記載されている契約金額を課税標準として計算した金額の収入印紙を、署名捺印のあるすべての部数に貼付して納付しなければならない。

B. 不適切。売買契約書の仮契約書も課税文書に該当し、不動産売買に係る契約内容を補充する念書および覚書については、記載内容に応じて、印紙税の課税対象となる場合がある。

C. 適切。売買契約書に収入印紙が貼付されていない場合は、過怠税の対象となるが、売買契約自体は有効である。

D. 適切。印紙税は、課税文書に所定の金額の収入印紙を貼付し、印鑑等で消印することをもって納付したこととなる。売買契約書に収入印紙が貼付されている場合でも、消印がない場合には過怠税の対象となる。

18. 消費税

> **問18** 不動産取引について、消費税が課税されるものについて、正しいものはどれですか。

A．住宅の貸付け

B．住宅の譲渡

C．住宅用の土地の譲渡

D．事業用の土地の譲渡

第3章｜不動産

解　説

不動産取引に係る消費税について理解する。

消費税は、事業者が事業として対価を得て行う資産の譲渡、貸付、役務の提供に対して課税されるため、事業者でない個人が行う資産の譲渡（マイホームの売却）には消費税は課税されない。

不動産取引のうち、土地の譲渡および貸付けについては、消費税の課税対象とはならないが、1ヵ月未満の土地の短期貸付や駐車場その他の施設の利用に伴って土地を使用させる場合には消費税が課税される。

建物の譲渡および貸付けについては消費税の課税対象となるが、住宅の貸付け（1ヵ月未満の短期貸付を除く）には消費税は課税されない。

不動産取引の消費税の課税・非課税は次の通りである。

取引内容	居住用	事業用
建物の貸付け	非課税	課税
建物の譲渡	課税	課税
土地の貸付け	非課税	非課税
土地の譲渡	非課税	非課税

解答　正解　B

A. 不適切。社会政策的配慮から住宅の貸付け（1ヵ月未満の短期貸付を除く）には消費税は課税されない。

B. 適切。住宅の譲渡には消費税が課税される。

C. 不適切。住宅用の土地譲渡は消費税になじまない資本移転であるので、消費税は課税されない。

D. 不適切。事業用の土地譲渡は消費税になじまない資本移転であるので、消費税は課税されない。

223

19. 個人不動産業の税金

問19　個人事業として不動産業を営む場合の税金などに関する説明について、正しいものはどれですか。

A. 事業的な規模による投資不動産の賃貸収益は、事業所得として所得税が課税される。

B. 投資不動産を譲渡した場合の譲渡利益は、不動産所得として所得税が課税される。

C. 投資用不動産を取得した際の借入金の利息については、必要経費に算入することはできない。

D. 投資用不動産を取得した際の借入金の利息のうち土地に対する部分については、他の所得とは損益通算できない。

解　説

　個人事業として不動産業を営む場合の収益に関わる税金について理解する。

　個人事業として不動産業を営む場合、不動産の貸付けによる賃貸収益については、事業的規模を問わず不動産所得として所得税の課税対象となる。事業的規模かどうかは、「5棟10室」基準により判断され、事業的規模に該当する場合と、それ以外の場合では、所得金額の計算上の相違点があり、主なものは次の通りである。

費目等	事業的規模の場合	事業的規模以外の場合
賃貸不動産の取壊費用	全額を必要経費に算入	取壊費用などを控除する前の不動産所得の金額を限度として必要経費に算入
事業専従者給与	必要経費に算入	必要経費に不算入
青色申告特別控除	最高65万円	最高10万円

第3章｜不動産

　事業に関して支払った事業税、不動産取得税、固定資産税は、いずれの場合も必要経費に算入する。

　また、賃貸用不動産を借入金により取得した場合、賃貸開始前に支払った借入金の利息は、不動産の取得価額に算入し、賃貸開始後の期間に属する支払利息は、不動産所得の必要経費に算入する。

　不動産所得の計算上、損失が生じた場合には、他の所得と損益通算することができるが、投資用不動産の取得に要した借入金の利息のうち、土地の取得に要した借入金の利息に相当する部分の金額については、他の所得とは損益通算できない。

解答　正解　D

A. 不適切。投資不動産の賃貸収益は、事業的規模であるかどうかを問わず、不動産所得として所得税の課税対象となる。

B. 不適切。投資不動産を譲渡した場合の譲渡利益は、譲渡所得（申告分離課税）として所得税が課税されるため、譲渡損失が生じた場合、他の所得と損益通算することはできない。

C. 不適切。不動産の賃貸事業に関連して、投資用不動産を取得した際の借入金の利息については、必要経費に算入することができる。

D. 適切。投資用不動産の取得に要した借入金の利息のうち、土地の取得に要した借入金の利息に相当する部分の金額については、他の所得とは損益通算できない。

225

20. 資産管理法人と法人税

問20 資産管理法人を設立して不動産業を営む場合の税金などに関する説明について、正しくないものはどれですか。

A. 個人が所有する不動産の収益を法人の収入とするためには、対象不動産を法人に譲渡する必要がある。

B. 投資不動産を譲渡した場合の譲渡利益は、他の所得と合算して法人税が課税される。

C. 法人税は、累進課税による税率であるため、所得税よりも最高税率は高い。

D. 家族を法人の従業員とした場合、支払った給与は必要経費に算入することができるため、所得の分配効果も見込める。

解 説

　資産管理法人を設立して不動産業を営む場合の収益に関わる税金について理解する。

　資産管理法人を設立し不動産業を営む場合、所得税とは異なり、収益の区分に関係なく、すべての収益を合算し、必要経費を差引いた所得に対して法人税が課税される。個人事業として不動産業を営む場合と比較すると、必要経費として認められる範囲が広くなり、家族を法人の役員や従業員とすることで、所得の分配効果も高くなる。

　法人税は、固定税率による課税（比例税率）であるため、所得税よりも最高税率は低く、原則および期末資本金の額が1億円以下の一定の中小法人に対する法人税の税率は次の通りである。

原　　　則		23.9%
中小法人	所得金額のうち800万円以下の部分	15.0%
	所得金額のうち800万円を超える部分	23.9%

第3章 | 不動産

※資本金5億円以上の会社の100％子会社等には、中小法人の税率の規定は適用されない。

　また、個人が所有する不動産の収入の一部または全部を、設立した資産管理法人などの収入とするためには、次の手続き等が必要となる。

・不動産を個人から法人へ現物出資または譲渡する。
・個人所有の土地の上に、法人が所有する建物を建築する。
・個人所有の土地や建物の管理やサブリースを法人に委託する。

解答　正解　C

A．適切。個人が所有する不動産の収益の一部または全部を法人の収入とするためには、対象不動産を法人に現物出資または譲渡する必要がある。

B．適切。所得税と異なり、法人税は所得の区分がないため、投資不動産を譲渡した場合の譲渡利益は、賃貸収入等の他の所得と合算して法人税が課税される。

C．不適切。法人税は、固定税率による課税（比例税率）であり、期末資本金の額が1億円以下の一定の中小法人に対する法人税は、所得金額のうち800万円を超える部分には23.9％、800万円以下の部分には15.0％の税率が適用され、所得税よりも最高税率は低い。

D．適切。家族を法人の役員や従業員とした場合には、支払った給与は必要経費に算入することができ、従事する者の所得とすることができるため所得の分配効果も見込める。

227

21. 譲渡所得の税金（1）

問21　不動産を譲渡した場合の譲渡所得の計算に関する説明について、正しいものはどれですか。

A. 譲渡した不動産の取得日から譲渡した日までの所有期間が5年を超える場合には、長期譲渡所得として扱われる。

B. 譲渡所得の計算上、建物の取得費は「購入金額＋設備費・改良費－減価償却費相当額」により計算される。

C. 譲渡所得の計算上、土地や建物の取得費が不明である場合には、譲渡収入金額の10％相当額を取得費とすることができる。

D. 譲渡した不動産の取得日から譲渡した日までに支払った固定資産税や都市計画税は、譲渡費用に含めることができる。

解　説

　不動産を譲渡した場合の譲渡所得の計算方法について理解する。

　不動産を譲渡した場合の譲渡所得は、次の要領で計算する。

収入金額－（取得費＋譲渡費用）－特別控除額＝課税譲渡所得金額

収入金額：売却収入金額

取　得　費：購入金額＋設備費・改良費－減価償却費相当額

譲渡費用：譲渡の際に要した仲介手数料、印紙代、測量費など

特別控除額：居住用不動産を譲渡した場合の3,000万円特別控除など
　　　　　　　（年間の譲渡所得を通じて5,000万円が限度）

第3章｜不動産

譲渡所得は、短期譲渡所得と長期譲渡所得に区分され、その要件は次の通りである。

短期譲渡所得	不動産を譲渡した年の1月1日現在での所有期間が5年以下
長期譲渡所得	不動産を譲渡した年の1月1日現在での所有期間が5年超

譲渡所得の計算上、建物の取得費は、取得に要した金額に設備費と改良費を加えた合計額から、減価償却費相当額を控除した額となる。なお、譲渡所得の計算上、取得費が不明である場合または著しく低い場合には、譲渡収入金額の5％相当額を取得費とする概算取得費を適用することができる。

譲渡費用には、譲渡の際に要した仲介手数料や測量費等が含まれる。譲渡した不動産の取得日から譲渡日までの固定資産税や都市計画税の納付税額、修繕費用など当該不動産の保有（維持）に関する費用については、譲渡費用には該当しない。

解答　正解　B

A. 不適切。譲渡した不動産の取得日から譲渡日の属する年の1月1日までにおける所有期間が5年超の場合は長期譲渡所得として扱われる。

B. 適切。譲渡所得の計算上、建物の取得費は、取得に要した金額に設備費と改良費を加えた合計額から、減価償却費相当額を控除した額となる。

C. 不適切。譲渡所得の計算上、取得費が不明である場合または取得費が著しく低い場合には、譲渡収入金額の5％相当額を取得費とする概算取得費を適用することができる。

D. 不適切。譲渡した不動産の取得日から譲渡した日までに支払った固定資産税や都市計画税の納付税額、修繕費用等は、当該不動産の保有（維持）に対する費用であるため、譲渡費用に含めることはできない。

22. 譲渡所得の税金（2）

> **問22** 相続により取得した不動産を譲渡した場合の譲渡所得に対する所得税および住民税の合計額として、正しいものはどれですか。なお、各種特例等の適用や復興特別所得税は考慮しないものとする。

相続による取得日　　：平成24年 3 月15日
被相続人の取得日　　：平成10年 5 月25日
譲渡日　　　　　　　：平成27年10月15日
相続時の評価額　　　：5,000万円
被相続人の取得価格：3,000万円
譲渡価額　　　　　　：7,000万円
譲渡費用　　　　　　：200万円
短期譲渡所得に該当する場合の税率：所得税30％、住民税 9 ％
長期譲渡所得に該当する場合の税率：所得税15％、住民税 5 ％

A．360万円
B．702万円
C．760万円
D．1,482万円

第3章｜不動産

解　説

　相続により取得した不動産を譲渡した際の譲渡所得の計算方法について理解する。

　相続により取得した資産の取得費および取得時期は、被相続人の取得費および取得時期を引き継ぐため、譲渡資産の取得費や所有期間を判定する際の取得日は、被相続人の取得費および取得時期となる。

　また、相続により取得した土地を、相続税の申告期限の翌日から3年以内に譲渡した場合、譲渡所得の計算上、負担した相続税額の一定割合を取得費に加算することもできる。

解答　正解　C

　相続により取得した場合の取得費および取得時期は、被相続人の取得費および取得時期となる。

　被相続人の取得日は「平成10年5月25日」、譲渡日は「平成27年10月15日」であり、譲渡した年の1月1日時点で所有期間が5年を超えているため「長期譲渡所得」となる。

　被相続人の取得価格は「3,000万円」、譲渡価額は「7,000万円」、譲渡費用は「200万円」であるので、課税譲渡所得金額は次の通りとなる。

　　7000万円 − (3,000万円 + 200万円) = 3,800万円

　長期譲渡所得に該当する場合の税率は、所得税15%、住民税5%となり、譲渡所得に対する所得税および住民税の合計額は次の通りとなる。

　　3,800万円 × (所得税15% + 住民税5%) = 760万円

したがって、正解はCである。

231

23. 居住用財産の買換え特例

> **問23**　居住用の不動産を譲渡し、新たな居住用財産を購入した際に、居住用財産の買換え特例を利用した場合の課税譲渡所得金額として、正しいものはどれですか。なお、その他の特例等の適用は考慮しないものとする。

取得日	：平成12年 4 月21日
譲渡日	：平成27年 1 月26日
譲渡価額	：5,000万円
取得費および譲渡費用	：1,000万円
買換資産の取得費	：3,000万円

A．1,000万円

B．1,600万円

C．2,000万円

D．4,000万円

解　説

　居住用財産を買換えた場合の譲渡所得課税の特例について理解する。

　居住用財産の買換え特例は、個人が居住の用に供している資産（土地建物等）のうち、譲渡した年の 1 月 1 日時点において所有期間が10年を超えるものを譲渡して、新たに居住用資産（土地建物等）を取得した場合、一定の要件のもと、譲渡した居住用財産の譲渡益に対する課税を将来に繰り延べることができる制度である（譲渡益が非課税となるわけではない）。

　居住用財産の買換え特例を適用した場合の、譲渡所得の計算方法は、次の通りである。

第3章 | 不動産

---

(1)　譲渡資産の譲渡価額 ≦ 買換資産の取得価額

　　譲渡資産の譲渡価額と買換資産の取得価額が同額か、または、買換資産の取得価額の方が多い場合は、譲渡はなかったものとみなして、譲渡資産に譲渡益が生じている場合の課税を繰り延べる（課税の繰延割合は100％）。

---

(2)　譲渡資産の譲渡価額 ＞ 買換資産の取得価額

　　買換資産の取得価額より譲渡資産の譲渡価額の方が多い場合は、譲渡資産の収入金額のうち、買換資産の取得価額を超える部分の譲渡があったものとして計算する。

①　譲渡資産の譲渡価額－買換資産の取得価額＝譲渡収入

②　（譲渡資産の取得費＋譲渡費用）× $\dfrac{①譲渡収入}{譲渡資産の譲渡価額}$

　　＝取得費・譲渡費用（必要経費）

③　①譲渡収入－②取得費・譲渡費用＝課税される譲渡所得の金額

解答　正解　B

　居住用財産の買換え特例を適用した場合の課税譲渡所得の計算は次の通りとなる。

・譲渡価額5,000万円－買換資産の取得価額3,000万円＝譲渡収入2,000万円

・（譲渡資産の取得費・譲渡費用1,000万円）×

　　$\dfrac{譲渡収入2,000万円}{譲渡資産の譲渡価額5,000万円}$ ＝取得費・譲渡費用400万円

・譲渡収入2,000万円－取得費・譲渡費400万円＝課税される譲渡所得の金額1,600万円

したがって、正解はBである。

24. 特定事業用資産の買換え特例

> **問24**　事業用の不動産（所有期間15年、取得費および譲渡費用は1,000万円）を譲渡価額１億円で売却し、新たに事業用不動産（取得価額7,000万円）を取得した場合において、特定事業用資産の買換え特例（課税の繰延割合は80％）を適用した場合と、適用しなかった場合における所得税および住民税の合計額の差額として、正しいものはどれですか。なお、その他の特例等の適用や復興特別所得税は考慮しないものとする。

A．800万円

B．960万円

C．1,008万円

D．1,440万円

解　説

　特定事業用資産の買換え特例の計算について理解する。

　特定事業用資産の買換え特例は、個人が事業の用に供している事業用資産のうち、譲渡した年の１月１日時点において所有期間が10年を超えるものを譲渡して、新たに事業用資産を取得し、その買換資産を事業の用に供した場合に、譲渡益の一部に対する課税を将来に繰り延べることができる制度である（譲渡益が非課税となるわけではない）。その場合の譲渡所得の計算方法は、次の通りである。

---

(1)　譲渡資産の譲渡価額≦買換資産の取得価額

　　譲渡資産の譲渡価額と買換資産の取得価額が同額か、または、買換資産の取得価額の方が多い場合は、譲渡資産の収入金額の80％については、譲渡はなかったものとみなして、譲渡資産に譲渡益が生じている場合の課税を繰延べる（課税の繰延割合は80％）。

①　譲渡資産の譲渡価額×（１－0.8）＝譲渡収入

②　（譲渡資産の取得費＋譲渡費用）×（１－0.8）＝取得費・譲渡費用（必要経費）

③　①譲渡収入－②取得費・譲渡費用＝課税される譲渡所得の金額

第3章｜不動産

(2) 譲渡資産の譲渡価額 ＞ 買換資産の取得価額

　　買換資産の取得価額より譲渡資産の譲渡価額の方が多い場合は、譲渡資産の収入金額のうち、買換資産の取得価額の80％を超える部分の譲渡があったものとして計算する。

① 譲渡資産の譲渡価額－（買換資産の取得価額×0.8）＝譲渡収入

② （譲渡資産の取得費＋譲渡費用）× $\dfrac{①譲渡収入}{譲渡資産の譲渡価額}$

　＝取得費・譲渡費用（必要経費）

③ ①譲渡収入－②取得費・譲渡費用＝課税される譲渡所得の金額

解答　正解　C

(1) 特定事業用資産の買換え特例を適用しない場合の所得税および住民税の合計額

・譲渡価額1億円－譲渡資産の取得費・譲渡費用1,000万円＝譲渡所得9,000万円、9,000万円×20％※＝1,800万円

　※税率は所得税15％、住民税5％である。

(2) 特定事業用資産の買換え特例（課税の繰延割合は80％）を適用した場合の所得税および住民税の合計額

・譲渡価額1億円－（買換資産の取得価額7,000万円×80％）＝譲渡収入4,400万円

・（譲渡資産の取得費・譲渡費1,000万円）×

　$\dfrac{譲渡収入4,400万円}{譲渡資産の譲渡価額1億円}$ ＝取得費・譲渡費440万円

・譲渡収入4,400万円－取得費・譲渡費440万円＝課税譲渡所得金額3,960万円、3,960万円×20％※＝792万円

　※税率は所得税15％、住民税5％である。

　(1)と(2)から買換え特例を適用した場合と、適用しなかった場合における所得税および住民税の合計額の差額は次の通りである。

　1,800万円－792万円＝1,008万円

したがって、正解はCである。

25. 都市計画法

問25 都市計画法に関する説明について、正しいものはどれですか。

A. 都市計画区域は、原則として都道府県が指定するため、都市計画区域の市街化区域と市街化調整区域の線引きを行うかどうかは、原則として都道府県が選択する。

B. 都市計画区域内で土地の造成や分譲地開発などの開発行為を行う場合には、原則として市町村長の許可を受けなければならない。

C. 市街化調整区域とは、概ね10年以内に優先的かつ計画的に市街化を図るべき区域である。

D. 都市計画区域のうち、市街化区域と市街化調整区域には必ず用途地域を定めるものとされている。

解　説

都市計画法で定められる都市計画区域について理解する。

都市計画は、都市の健全な発展と秩序ある整備を図り、もって国土の均衡ある発展と公共の福祉の増進に寄与することを目的としたもので、都市計画区域内で行われる。都市計画区域は、原則として都道府県が指定するが、2以上の都府県の区域にわたる場合には、国土交通大臣が指定する。

都市計画区域内で開発行為（土地の造成や分譲地開発など）を行う場合には、原則として都道府県知事（指定都市等では市長）の許可を受けなければならない。

都市計画区域には、市街化区域、市街化調整区域、非線引き区域がある。市街化区域と市街化調整区域に区分することを一般に「線引き」という。都市計画区域の区域区分の内容は次の通りである。

第3章｜不動産

区域区分	内　容
市街化区域	すでに市街地を形成している区域（既成市街地）および、概ね10年以内に優先的かつ計画的に市街化を図るべき区域をいい、用途地域が定められる。
市街化調整区域	市街化を抑制すべき区域であり、原則として用途地域は定められない。 ※市街化調整区域での開発行為は、許可を得るのが難しい。
非線引き区域	市街化区域、市街化調整区域に指定されていない、区域区分が定められていない都市計画区域である。

解答　正解　A

A. 適切。都市計画区域は、原則として都道府県が指定し、2以上の都府県にわたる都市計画区域は国土交通大臣が指定する。都市計画区域で市街化区域と市街化調整区域に線引きを実施するかどうかは、原則として都道府県の選択制となっている（三大都市圏および指定都市は線引きを必ず実施）。

B. 不適切。都市計画区域内で開発行為（土地の造成や分譲地開発など）を行う場合には、原則として都道府県知事（指定都市等では市長）の許可を受けなければならない。

C. 不適切。市街化調整区域とは、市街化を抑制すべき区域であり、概ね10年以内に優先的かつ計画的に市街化を図るべき区域は市街化区域である。

D. 不適切。都市計画区域のうち、市街化区域については必ず用途地域を定めるが、市街化調整区域については原則として用途地域を定めないものとされている。

26. 用途地域の建築制限

> **問26　用途地域内の制限などに関する説明について、正しいものはどれですか。**

A. 用途地域は、住居系の用途地域、商業系の用途地域、工業系の用途地域の3つに区分されている。

B. 第一種低層住居専用地域にマンションを建築するためには、5階建てまでのマンションしか建築できない。

C. 第一種中高層住居専用地域には、低層住宅は建築できない。

D. 病院および診療所は、どの用途地域にも建築できる。

> **解　説**

　用途地域が定められている区域では、建築可能な建物について制限されているので、基本的な用途制限について理解する。

　用途地域は、住居系の用途地域、商業系の用途地域、工業系の用途地域の3つに区分されている。さらに、それぞれの用途地域ごとに制限があり、その地域区分（12地域）は、次の通りである。

用途地域	地域の種類
住居系の用途地域	第一種低層住居専用地域、第二種低層住居専用地域、第一種中高層住居専用地域、第二種中高層住居専用地域、第一種住居地域、第二種住居地域、準住居地域
商業系の用途地域	近隣商業地域、商業地域
工業系の用途地域	準工業地域、工業地域、工業専用地域

　診療所や保育所、派出所は、すべての用途地域で建築できる。

　病院は、第一種低層住居専用地域・第二種低層住居専用地域、工業地域・工業専用地域以外で建築できる。

　幼稚園、小学校、中学校、高等学校は、工業地域・工業専用地域以

外で建築できる。

　住宅や共同住宅は、工業専用地域以外で建築できる。

　第一種低層住居専用地域は、建築物の高さ制限（10mまで）があるため、マンションは3階建てまでしか建築できない。第二種低層住居専用地域も同様の高さ制限があるが、第一種低層住居専用地域との相違点は、小規模の店舗が建築できる点である。

　第一種中高層住居専用地域は、容積率に応じて3〜5階建ての中高層住宅や、2階建て以下で床面積が500㎡以下の店舗などの建築が可能である。第二種中高層住居専用地域も同様の高さ制限があるが、第一種低層住居専用地域との相違点は、建築できる店舗の床面積が1,500㎡までである点である。

解答　正解　A

A．適切。用途地域は、住居の環境を保護するための住居系の用途地域、商業の利便を増進するための商業系の用途地域、工業の利便を増進するための工業系の用途地域の3つに区分されている。

B．不適切。第一種低層住居専用地域は、建築物の高さ制限（10mまで）があるため、マンションは3階建てまでしか建築できない。

C．不適切。第一種中高層住居専用地域は、容積率に応じて3〜5階建ての中高層住宅や、2階建て以下で床面積が500㎡以下の店舗などの建築が可能であるほか、低層住宅を建築することもできる。

D．不適切。診療所は、どの用途地域でも建築できる。病院は、第一種低層住居専用地域・第二種低層住居専用地域、工業地域・工業専用地域以外で建築できる。

27. 建築基準法

> **問27**　建築基準法の用途制限や建ぺい率に関する説明について、正しいものはどれですか。

A．敷地が2つ以上の用途地域にわたる場合の建築物の用途制限は、厳しい方の規定の用途制限が敷地全体に適用される。

B．敷地が異なる建ぺい率の地域にわたる場合の建ぺい率の最高限度は、過半の属する敷地の建ぺい率が敷地全体に適用される。

C．特定行政庁が指定した角地では、角地による建ぺい率の制限の緩和の適用を受けることができる。

D．防火地域内に耐火建築物を建築する場合には、建ぺい率の制限の緩和の適用を受けることはできない。

解　説

　建築基準法の用途制限や建ぺい率について理解する。

　建築基準法の用途制限について、敷地が2つ以上の用途地域にわたる場合の建築物の用途制限は、敷地面積の過半を占める用途地域の規定が敷地全体に適用される。

　建ぺい率は、敷地面積に対して建築できる建物の建築面積の上限であり、敷地が異なる建ぺい率の地域にわたる場合の建ぺい率の最高限度は、「加重平均（それぞれの敷地面積に建ぺい率を乗じた値を合計した数値）」で求められる。建ぺい率の制限の緩和（都市計画で定められた建ぺい率に10％加算）の適用を受けられるのは、次の通りである。

第3章 │ 不動産

（1） 角地による建ぺい率の制限の緩和

　　特定行政庁が指定した角地の場合、角地による建ぺい率の制限の緩和の適用を受けることができる。ただし、角地であっても、特定行政庁が指定した角地でなければ、建ぺい率の制限の緩和の適用は受けられない。

（2） 防火地域に耐火建築物を建築する場合

　　防火地域に耐火建築物を建築する場合には、建ぺい率の制限の緩和の適用を受けることができる。都市計画で定められた建ぺい率が80％である地域（近隣商業地域、商業地域）であっても、その防火地域に耐火建築物を建築する場合には、建ぺい率の制限は受けない。ただし、準防火地域については、建築物が耐火建築物の場合には、建ぺい率の制限の緩和の適用は受けられない。

解答　正解　C

A．不適切。敷地が2つ以上の用途地域にわたる場合の建築物の用途制限は、敷地面積の過半を占める用途地域の規定が敷地全体に適用される。

B．不適切。敷地が異なる建ぺい率の地域にわたる場合の建ぺい率の最高限度は、加重平均（それぞれの敷地面積に建ぺい率を乗じた値を合計した数値）で求められる。

C．適切。角地のうち特定行政庁が指定した角地では、角地による建ぺい率の制限の緩和（都市計画で定められた建ぺい率に10％加算）の適用を受けることができる。

D．不適切。防火地域に耐火建築物を建築する場合は、建ぺい率の制限の緩和（都市計画で定められた建ぺい率に10％加算）の適用を受けることができる。また、都市計画で定められた建ぺい率が80％である地域の場合は、建ぺい率の制限は受けない。

241

28. 都市計画区域内の道路規制

問28 都市計画区域内の道路規制に関する説明について、正しくないものはどれですか。

A. 建物を建築する際の敷地は、原則として建築基準法上の道路に2m以上接していなければならない。

B. 建築基準法上の道路とは、原則として幅員4m以上の公道をいい、私道は道路にみなされない。

C. すでに建物が建ち並んでいる敷地の前面道路が幅員4m未満であっても、特定行政庁が指定したものは道路とみなされるが、この場合の道路境界線は、原則として道路中心線から2mの地点とみなされる。

D. 道路中心線から2mの地点が道路境界線とみなされたことにより、セットバックが必要となった部分は、建築面積を計算する際の敷地面積には算入されない。

解　説

　都市計画区域内の道路規制について理解する。

　建物を建築する際の敷地は、建築基準法上の道路に2m以上接していなければならない。したがって、接道義務を満たしていない敷地には、原則として建物を建築することができない。ただし、建物の周囲に広い空き地があるなど、安全上支障がないときは、接道義務を満たしていなくても建築物を建築することができる場合がある。

　建築基準法上の道路とは、幅員4m以上のもので、道路法、建築基準法が適用された際にすでに存在していた道路のほか、一定の私道も建築基準法における道路とされる。

　現に建物が建ち並んでいる敷地の前面道路が幅員4m未満であっても、特定行政庁が指定したもの（都市計画区域にある幅4m未満の道

第3章｜不動産

路：建築基準法42条2項道路）は道路とみなされるが、この場合の道
路境界線は、原則として道路中心線から水平距離2m（一方が、川や
崖地などの場合には川や崖地などから4m）の地点とみなされる。な
お、道路中心線から2mの地点が道路境界線とみなされたことにより、
セットバック（後退）が必要となった部分については、建物を建築す
る敷地としては利用できないため、建ぺい率などの建築面積を計算す
る際の敷地面積には算入されない。

解答　正解　B

A．適切。都市計画区域内および準都市計画区域内の建物を建築する
　　際の敷地は、原則として建築基準法上の道路に2m以上接してい
　　なければならず、接道義務を満たしていない敷地には、原則とし
　　て建築物を建築することはできない。

B．不適切。建築基準法上の道路とは、原則として幅員4m以上の道
　　路をいい、都市計画法、土地区画整理法等による道路のほか、一
　　定の私道も建築基準法における道路とされる。

C．適切。現に建物が建ち並んでいる敷地の前面道路が幅員4m未満
　　であっても、特定行政庁が指定したものは（都市計画区域にある
　　幅4m未満の道路：建築基準法42条2項道路）道路とみなされる。
　　この場合の道路境界線は、原則として道路中心線から水平距離
　　2mの地点とみなされる。

D．適切。道路中心線から2mの地点が道路境界線とみなされたこと
　　により、セットバックが必要となった部分については、建物を建
　　築する敷地としては利用できないため、建ぺい率などの建築面積
　　を計算する際の敷地面積には算入されない。

243

29. 区分所有法

問29　区分所有法に関する説明について、正しくないものはどれですか。

A．敷地利用権とは、専有部分を所有するための敷地に関する権利で、規約で別段の定めがない限り専有部分と分離して処分はできない。

B．エレベーターや階段などの共用部分に対する区分所有者の共有持分は、規約に別段の定めがない限り、各共有者が有する専有部分の購入価額の割合による。

C．分譲マンションなどの建て替えの決議には、区分所有者および議決権の各5分の4以上の賛成が必要となり、規約で別段の定めをすることはできない。

D．管理規約を設定・変更・廃止するためには、区分所有者および議決権の各4分の3以上の多数による集会の決議が必要となる。

解　説

　分譲マンションなどの区分所有建物に適用される区分所有法について理解する。区分所有建物は、構造上独立して使用でき、売買できる専有部分と区分所有者が共同して利用する共用部分からなる。

専有部分	専有部分は、一棟の建物の一部であるが、構造上・利用上の独立性があるため、区分所有権の目的となり、区分所有者が各々所有する部分をいう。専有部分を所有するための敷地に関する権利を「敷地利用権」といい、規約に別段の定めがない限り、敷地利用権を専有部分と分離して処分することはできない。
共用部分	共用部分のうち、共同の廊下・階段・エレベーター室等構造上、共同で使用することが明らかな場所などを「法定共用部分」という。また、管理人室、集会所等、規約で特に共用部分とされたものを「規約共用部分」という。共用部分に対する区分所有者の持分割合は、規約に別段の定めがない限り、各区分所有者が所有する専有部分の床面積の割合となる。

第3章│不動産

　区分所有者が自主的に定めた建物・敷地等の管理・使用についての規約を設定・変更・廃止するためには、区分所有者および議決権の各4分の3以上の多数による集会の決議が必要となる。

　建物価格の2分の1以下に相当する部分が滅失したときは、各区分所有者は滅失した共用部分・専有部分を復旧することができる。建物価格の2分の1を超える部分が滅失したときは、区分所有者及び議決権の各4分の3以上の多数で滅失した共用部分を復旧する旨の決議をすることができる。

　また、区分所有建物を建て替えようとする場合の決議には、区分所有者および議決権の各5分の4以上の賛成が必要となり、規約で別段の定めをすることはできない。この場合、決議に賛成しなかった者は、賛成した者に対し自己の専有部分の買取請求ができる。

解答　正解　B

A. 適切。敷地利用権は、専有部分を所有するための敷地に関する権利（所有権、地上権、賃借権等）をいい、区分所有者は、規約に別段の定めがない限り、敷地利用権を専有部分と分離して処分することはできない。

B. 不適切。共用部分に対する区分所有者の持分割合は、規約に別段の定めがない限り、原則として、各区分所有者が所有する専有部分の床面積の割合となる。

C. 適切。分譲マンションなど区分所有建物を建て替えようとする場合の決議には、区分所有者および議決権の各5分の4以上の賛成が必要となり、規約で別段の定めをすることはできない。

D. 適切。区分所有建物の管理規約の設定や変更、廃止をするためには、区分所有者および議決権の各4分の3以上の多数による集会の決議が必要となる。

245

30. 普通借地権

問30　借地借家法で定める普通借地権に関する説明について、正しいものはどれですか。

A. 旧法借地権（1992年8月1日より前に成立していた借地権）が、借地借家法の施行日以降に期間満了により更新される場合には、借地借家法の規定が適用される。

B. 借地借家法上の普通借地権は、存続期間を30年以上とし、公正証書などの書面により契約しなければならない。

C. 普通借地権の存続期間が満了した際に、借地上の建物の存在の有無にかかわらず、原則として従前と同一の条件で契約を更新したものとみなされる。

D. 普通借地権の存続期間が満了し、契約の更新がない場合には、借地人は地主に対して借地上の建物を時価で買い取るよう請求することができる。

解　説

借地借家法に定められる普通借地権について理解する。

借地借家法（1992年8月1日施行）は、建物保有を目的とした借地権で、存続期間を定める場合は30年以上、更新後の存続期間を定める場合は、最初の更新は20年以上、2回目以降の更新は10年以上としなければならない。契約方法に制約はないため、書面による契約の必要はない（口頭でも可）。

なお、旧法借地権（1992年8月1日より前に成立していた借地権）が、借地借家法の施行日以降に期間満了により更新される場合には、旧借地法の規定が適用される。

旧法借地権を更新時に借地借家法の普通借地権とすることはできない。ただし、旧法借地権の契約を借地権設定者（地主）と借地権者（借

第3章｜不動産

地人）の合意で解除し、新規に普通借地権の設定契約をすることは可能である。

　借地借家法で定める普通借地権は、存続期間が満了する場合において、借地権者（借地人）が契約の更新を請求したときは、当該借地上に建物がある場合に限り、原則として従前と同一の条件で契約を更新したものとみなされる。また、借地権の存続期間が満了した場合において、契約の更新がないときは、借地権者（借地人）は借地権設定者（地主）に対して、借地権の目的である土地上の建物等を時価で買い取るべきことを請求することができる。

解答　正解　D

A. 不適切。旧法借地権（1992年8月1日より前に成立していた借地権）が、借地借家法の施行日以降に期間満了により更新される場合には、旧借地法の規定が適用される。

B. 不適切。借地借家法上の普通借地権は、存続期間を30年以上としなければならないが、契約方法に制約はないため、公正証書などの書面により契約する必要はない（口頭でも可）。

C. 不適切。普通借地権の存続期間が満了した際に、借地上に建物がない場合には、借地権設定者（地主）との合意がない限り契約は更新されない。

D. 適切。普通借地権の存続期間満了後に、契約の更新がない場合には、借地人は地主に対して借地上の建物を時価で買い取るよう請求することができる。

31. 定期借地権

問31 借地借家法で定める定期借地権に関する説明について、正しくないものはどれですか。

A. 一般定期借地権は、借地期間の満了時には契約の更新がなく、存続期間を50年以上とし、公正証書等の書面により契約しなければならない。

B. 事業用定期借地権は、存続期間を10年以上50年未満とし、公正証書により契約しなければならない。

C. 事業用定期借地権は、事業用建物を所有する目的で設定するため、建物の一部に居住用部分がある場合には設定することができない。

D. 建物譲渡特約付借地権は、借地権設定から20年以上経過した後に地主が建物を買い取ることで契約は終了するが、借地人または建物の賃借人が建物の継続使用を請求した場合であっても、その請求を拒絶することができる。

解 説

借地借家法に定められる定期借地権について理解する。

借地借家法で定める定期借地権には、「一般定期借地権」、「事業用定期借地権」、「建物譲渡特約付借地権」があり、それぞれ存続期間や契約方法などの定めが異なる。主な内容をまとめると次の通りである。

	一般定期借地権	事業用定期借地権	建物譲渡特約付借地権
存続期間	50年以上	10年以上50年未満	30年以上
利用目的	用途制限なし	事業用（居住用の建物を除く）	用途制限なし
契約方法	公正証書等の書面による	公正証書による	制約なし（口頭でも可）

第3章 | 不動産

	一般定期借地権	事業用定期借地権	建物譲渡特約付借地権
特約など	①契約の更新をしない ②存続期間の延長をしない ③建物の買取請求をしない		30年以上経過後に 建物を地主に譲渡
借地関係の終了	期間満了	期間満了	建物譲渡
契約終了時の建物	借地人は建物を取り壊して 土地を返還		①建物を地主が買い取る ②建物は収去せず土地を 　返還する ③借地人または借家人は 　継続して借家として住 　むことが可能

解答　正解　D

A. 適切。一般定期借地権は、存続期間を50年以上とし、借地期間の
満了時には契約の更新がなく、建物買取請求をしない等の特約も
有効であり、公正証書等の書面（公正証書でなくても可）により
契約しなければならない。

B. 適切。事業用定期借地権は、存続期間は10年以上50年未満で任意
に定めて設定し、公正証書により契約をしなければならない。

C. 適切。一般定期借地権は建物の用途に制限がないのに対し、事業
用定期借地権は、事業用建物の所有を目的として設定するため、
建物の一部に居住用部分がある場合には設定することができない。

D. 不適切。建物譲渡特約付借地権は、借地権設定から30年以上経過
した後に地主が建物を買い取ることで契約は終了する。借地人ま
たは建物の賃借人が建物の継続使用を請求した場合には、自動的
に賃借権が設定され、期間の定めのない建物賃貸借が締結された
ものとみなされる。

32. 相隣関係

問32　不動産の利用や取引に伴う相隣関係に関する説明について、正しくないものはどれですか。

A. 隣地との関係では、境界線の明示や確認、越境物の扱いに関する意思表示を行うことは重要である。

B. 自己の所有地と隣地とを併合することにより、一般的に所有地の効用が高まるとはいえない。

C. 隣家との良好な関係を維持しておくことは、思わぬリスクの発生を抑える効果がある。

D. 隣地所有者の売却や取得の意向には、敏感であるべきである。

第3章｜不動産

解　説

　不動産の利用や取引に伴う、相隣関係（隣地等との関係）について理解する。

　不動産の利用や取引では、相隣関係（隣地等との関係）が課題となる場面があり、隣地所有者などとの良好な関係が維持できていないことにより、思わぬリスクが生じる場合もある。相隣関係の主な課題は次の通りである。

・境界線の明示と確認
・塀や垣の設置
・工事の際の立入り
・竹木の伐採
・建物等の越境
・排水処理
・竹木の伐採、隣地境界からの建物位置の制限など

　自己の所有地と隣地とを併合することにより、一般的には所有地の効用が高まり、所有地の資産価値も向上すると考えられる。隣地をタイミングよく取得することが可能であれば、価値増加も見込めるため、隣地所有者の売却や取得の意向には、敏感であるべきである。

解答　正解　B

A．適切。相隣関係では、境界線の明示と確認、越境物の扱いに関する意思表示、塀や垣の設置、竹木の伐採などを行っておくことは重要である。

B．不適切。自己の所有地と隣地とを併合することにより、一般的には所有地の効用が高まり、価値増加も見込める。

C．適切。隣地所有者との良好な関係を維持しておくことは、思わぬリスクの発生を抑える効果がある。

D．適切。隣地所有者の売却や取得の意向には、敏感であるべきである。

251

33. 既存不適格建築物と違法建築物

問33　不動産に関連する法律や規制と建物の適合性に関する説明について、正しいものはどれですか。

A. 建築した時点で建築基準法に適合していなかった建物を、既存不適格建築物という。

B. 既存不適格建築物は、建築確認申請を伴う次回の増改築の際に建築基準法に適合させればよい。

C. 建築した時点で建築基準法に適合していたが、法改正により現在の基準に適合しなくなった建物を違法建築物という。

D. 増改築の確認申請には、建物が建築時点の建築基準法に適合しているかどうかを確認する必要があるが、違法建築物の場合には、建築確認検査済証が手元になくても、増改築の申請が可能である。

解　説

　既存不適格建築物と違法建築物について理解する。

　建築基準法や関連法規は、震災などにより規制内容に課題が見つかるたびに改正され、建築時点では各種法規に適合していた建物であっても、新しい基準に適合しなくなることがある。このような建物を既存不適格建築物といい、違法建築物とは区分されている。

既存不適格建築物	建築した時点で建築基準法に適合していたが、法改正により現在の基準に適合しなくなった建物をいい、建築確認申請を伴う次回の増改築の際に建築基準法に適合させればよいとされている。
違法建築物	建築した時点で建築基準法に適合していない建物や、建築後に建築基準法や関連法規に適合しない行為を行った建物をいう。違法建築物は、「違法でない状態」に戻さなければ、増改築の申請はできない。

第3章 | 不動産

　建物の増改築や用途変更に伴う確認申請の際には、建物が建築時点の建築基準法に適合しているかどうかを建築確認検査済証や建物竣工図などで確認する必要があるため、必要書類の保管が重要となる。建築確認検査済証などの書類がない場合には、既存不適格建築物であるのか、違反建築物であるのかの判断が難しく、調査に多大な時間と費用を要し、結果として増改築や用途変更が実現できない場合もある。

解答　正解　B

A. 不適切。建築した時点で建築基準法に適合していなかった建物を、違法建築物という。

B. 適切。既存不適格建築物は、建築した時点では建築基準法に適合していたものであり、建築確認申請を伴う次回の増改築の際に建築基準法に適合させればよい。

C. 不適切。建築した時点で建築基準法に適合していたが、その後の法改正により現在の基準に適合しなくなった建物を既存不適格建築物という。これに対し、違法建築物は建築時点で建築基準法に適合していない建物をいう。

D. 不適切。増改築の確認申請には、建物が建築時点の建築基準法に適合しているかどうかを建築確認検査済証などで確認する必要があるが、違法建築物の場合には、違法でない状態に戻さなければ、増改築の申請はできない。

34. 相続財産の評価（1）

> **問34** 相続により取得した不動産の評価に関する説明について、正しいものはどれですか。

A．路線価方式による宅地は、路線価に奥行価格補正などの宅地の形状等による補正を行って評価する。

B．路線価方式により宅地を評価する際の奥行価格補正率は、奥行の距離が長くなるほど小さくなる。

C．倍率方式による宅地は、路線価に国税局長が定める一定の倍率を乗じた価格が評価額となる。

D．倍率方式により宅地を評価する際には、宅地の形状等による事情が国税局長の定める一定の倍率に考慮されているため、その評価に際して補正率を用いた補正は不要である。

> ## 解　説

　相続や贈与により取得した場合の土地等の評価方法等について理解する。

　土地等のうち、宅地（自宅の敷地や更地などの自用地）については、路線価方式と倍率方式により評価を行い、その評価方法は、次の通りである。

第3章｜不動産

評価方法	計算方法
路線価方式	「自用地評価額＝路線価（正面路線価）×奥行価格補正率×地積」 路線価方式による宅地は、宅地の接する前面道路の路線価（正面路線価）に奥行価格補正、側方加算、二方加算などの宅地の形状等による補正を行って評価する。 奥行価格補正率は、地区区分により奥行の距離に応じて異なるが、奥行の距離が長くなるほど小さくなるわけではない。
倍率方式	「自用地評価額＝固定資産税評価額×国税局長が定める一定の倍率」 倍率方式による宅地は、路線価が定められていない地域（市街地や田畑など）で、その土地の固定資産税評価額に国税局長が定める一定の倍率を乗じた価格が評価額となる。 なお、固定資産税評価額は、その土地の形状や立地条件等による事情が考慮されているため、その評価にあたり補正率などを用いる必要はない。

解答　正解　A

A. 適切。路線価方式による宅地は、路線価（正面路線価）に奥行価格補正、側方加算、二方加算などの宅地の形状等による補正を行って評価する。

B. 不適切。路線価方式により宅地を評価する際の奥行価格補正率は、地区区分により奥行の距離に応じて異なるが、奥行の距離が長くなるほど小さくなるわけではない。

C. 不適切。倍率方式による宅地は、「固定資産税評価額×国税局長が定める一定の倍率」により計算された価格が評価額となる。

D. 不適切。倍率方式により宅地を評価する際、宅地の形状等による事情は固定資産税評価額に考慮されており、国税局長が定める一定の倍率に考慮されているものではない。

255

35. 相続財産の評価（２）

問35　宅地や建物などの相続財産の評価方法に関する説明について、正しいものはどれですか。

A．普通借地権の評価は、「自用地評価額×（1－借地権割合）」により計算する。

B．貸宅地の評価は、「自用地評価額×借地権割合」により計算する。

C．自用建物は、「固定資産税評価額×1.0」により計算する。

D．貸家の評価は、「固定資産税評価額×（1－借家権割合）」により計算する。

解　説

宅地や建物などの相続財産の評価方法について理解する。

宅地等の相続財産の評価方法は、次の通りである。

種　類	評価方法
自用建物	自宅や別荘などの、建物所有者が自由に利用できる建物を「自用建物」といい、「固定資産税評価額（固定資産課税台帳に登録された価格）」により評価する。
貸家 （貸付用建物）	「貸家（貸付用建物）評価額＝固定資産税評価額×（1－借家権割合×賃貸割合）」 賃貸アパートなどの賃貸建物を「貸家（貸付用建物）」といい、借家権割合は30％、賃貸割合は、課税時期においてその建物のうち実際に賃貸している部分の割合（面積割合）となる。
普通借地権 （借地）	「普通借地権＝自用地評価額×借地権割合（地域ごとに国税局長が定める割合）」 普通借地権とは、地主から土地を借りて地代を支払い、その土地に自己名義の建物を建てている場合等の土地を利用する権利をいう。

256

第3章｜不動産

種　類	評価方法
貸宅地 （底地）	「貸宅地評価額＝自用地評価額×（1－借地権割合）」 貸宅地（底地）とは、地主の有する宅地のうち普通借地権の設定されている宅地をいい、自用地評価額から普通借地権の評価額を控除して評価する。 なお、使用貸借による宅地（例えば、親名義の土地を無償で子が借りて、子名義の家を建てる場合）は、自用地として評価される。
貸家建付地	「貸家建付地評価額＝自用地評価額×（1－借地権割合×借家権割合×賃貸割合）」 貸家建付地とは、地主が自己の有する宅地に賃貸アパートなどの賃貸建物を建築し、賃貸している場合の敷地をいい、貸宅地（底地）とは評価方法が異なる。

解答　正解　C

A．不適切。普通借地権とは、土地を借りて地代を支払い、その土地に自己名義の建物を建てている場合等の土地を利用する権利をいい、「自用地評価額×借地権割合」により計算する。

B．不適切。貸宅地（地主が有する宅地のうち普通借地権の設定されている宅地）の評価は、「自用地評価額×（1－借地権割合）」により計算する。

C．適切。自用建物（自宅や別荘など）の評価は、「固定資産税評価額（固定資産課税台帳に登録された価格）」とする。

D．不適切。賃貸アパートなどの貸家の評価は、「固定資産税評価額×（1－借家権割合×賃貸割合）」により計算する。

257

36. 相続財産の評価（3）

問36　賃貸用不動産（土地1億円、建物7,000万円）を相続した場合に、土地および建物の相続税評価額の合計額として、正しいものはどれですか。なお、借地権割合は70％、借家権割合は30％、賃貸割合は100％である。

A．9,100万円

B．1億2,800万円

C．1億3,430万円

D．1億7,000万円

第3章｜不動産

解　説

賃貸用不動産（貸家および貸家建付地）の評価方法について理解する。
その評価方法は、次の通りである。

貸家（貸付用建物）評価額＝固定資産税評価額×（1－借家権割合
　　　　　　　　　　　　　　　　　　　×賃貸割合）
貸家建付地評価額＝自用地評価額×（1－借地権割合×借家権割
　　　　　　　　　　　　　　　合×賃貸割合）

解答　正解　B

賃貸用不動産のうち、建物の評価額は次の通りとなる。
　7,000万円×（1－0.3×1）＝4,900万円
賃貸用不動産のうち、土地（貸家建付地）の価額は次の通りとなる。
　10,000万円×（1－0.7×0.3×1）＝7,900万円
　相続税評価額の合計額：4,900万円＋7,900万円＝1億2,800万円
したがって、正解は B である。

37. 小規模宅地の特例

問37　小規模宅地の特例に関する説明について、正しくないものはどれですか。

A．小規模宅地の特例は、相続人ひとり１人ごとに適用を判定する。

B．小規模宅地の特例は、330㎡まで80％の評価減の適用を受けることができる。

C．小規模宅地の特例は、特定居住用宅地等と特定事業用宅地等のそれぞれの限度面積の合計まで評価減の適用を受けることができる。

D．貸付事業用宅地等は、400㎡まで80％の評価減の適用を受けることができる。

解　説

小規模宅地の特例について理解する。

居住用または事業用に利用されている宅地については、特定居住用宅地等、特定事業用宅地等、貸付事業用宅地等に区分され、一定の要件に該当する場合、相続税評価額が減額される特例があり、その制度概要は次の通りである。

対象地	内　　容	限度面積	評価減割合
特定居住用宅地等	被相続人の居住の用に供されていた宅地	330㎡	80％
特定事業用宅地等	被相続人の貸付事業以外の事業の用に供されていた宅地	400㎡	
貸付事業用宅地等	被相続人の貸付事業用（不動産貸付業、駐車場事業など）の用に供されていた土地（または借地権等）	200㎡	50％

小規模宅地の特例は、対象地を相続した相続人ごとに適用の可否が判定される。また、特定居住用宅地等と特定事業用宅地等の両方について小規模宅地の特例の適用を受ける場合には、特定居住用宅地等と

第3章｜不動産

特定事業用宅地等の限度面積を合計した730㎡（330㎡＋400㎡）まで特例の適用を受けることができる。

解答　正解　D

A．適切。小規模宅地の特例は、対象地を相続した相続人ごとに適用の可否が判定される。

B．適切。相続した対象地が特定居住用宅地等に該当する場合には、330㎡まで80％の評価減の適用を受けることができる。

C．適切。特定居住用宅地等と特定事業用宅地等の両方に小規模宅地の特例の適用を受ける場合には、特定居住用宅地等と特定事業用宅地等の限度面積を合計した730㎡まで評価減の適用を受けることができる。

D．不適切。貸付事業用宅地等に該当する場合には、200㎡まで50％の評価減の適用を受けることができる。

38. 不動産の生前贈与

問38　不動産の生前贈与に関する説明について、正しくないものはどれですか。

A．生前贈与した土地については、小規模宅地の特例の適用を受けることはできない。

B．生前贈与した土地が、負担付贈与の場合には、通常の取引価額で評価される。

C．居住用不動産を配偶者に生前贈与した場合にのみ、贈与税の配偶者控除の適用を受けることができる。

D．生前贈与した土地については、贈与税の暦年課税制度（年間110万円の非課税枠）を適用することができる。

第3章｜不動産

解　説

　不動産を生前贈与する際の注意点について理解する。

　不動産を生前贈与する場合には、相続税の課税の特例の適用を受けることができなくなる場合があるため、注意する必要がある。

　生前贈与した土地については、小規模宅地の特例の適用は受けることはできない。また、生前贈与した土地が負担付贈与（受贈者に一定の債務を負担させることを条件とした贈与）の場合には、相続税評価額ではなく、通常の取引価額（債務の負担額を控除した価額）で評価される。

解答　正解　C

A．適切。小規模宅地の特例が適用されるのは、個人が相続または遺贈により取得した財産に限られるので、生前贈与した土地については、小規模宅地の特例の適用を受けることはできない。

B．適切。生前贈与した土地が負担付贈与の場合には、相続税評価額ではなく、通常の取引価額（債務の負担額を控除した価額）により評価される。

C．不適切。贈与税の配偶者控除（2,000万円の非課税制度）については、居住用不動産を生前贈与した場合や、居住用不動産を取得するための金銭を贈与した場合に適用される。

D．適切。土地を生前贈与した場合、暦年課税制度（年間110万円の非課税枠）や相続時精算課税制度を利用することができる。

263

39. 海外不動産への投資

問39　海外不動産への投資に関するアドバイスとして、正しくないものはどれですか。

A. 海外の不動産投資では、契約を含む制度体系が日本と異なるため、日本での常識が通用しない場合がある。

B. 海外で不動産を取得したときには、所有権を主張するための対抗力をつけるため、必ず登記をすべきである。

C. 為替リスクやカントリーリスクがあり、日本とは市場特性も異なるため、適切なアドバイスが受けられる国で投資を行うことが重要である。

D. 外国居住者が不動産を所有することが禁止されている国や地域もある。

第3章｜不動産

> ### 解 説

　海外不動産へ投資する際の注意点について理解する。

　海外不動産を投資対象とすることについての、主なメリットおよびデメリットは、次の通りである。

メリット	・不動産を所有する国、地域の経済成長を享受できる可能性が高い。 ・日本の不動産とは異なるリスク・リターン特性があるためリスク分散が図れる。
デメリット	・為替リスクやカントリーリスクがある。 ・物件情報、市場情報が国内不動産に比べて少ない。 ・遠隔地の管理となり、税務申告も煩雑になるため、管理が難しい。

　海外で投資物件を選択する場合には、現地を訪問し複数物件を実際に確認するなど、自分の目で見て選定することも重要である。また、不動産は管理が重要であり、現地での管理能力や実績を踏まえて、信頼できるエージェントに依頼することも大事である。

> ### 解答　正解　B

A．適切。海外不動産への投資では、契約を含む制度体系が日本と異なるため、日本での常識が通用しない場合がある。

B．不適切。英米法体系の国では、日本のような対抗力のある不動産登記制度のない国もある。

C．適切。海外投資については、為替リスクやカントリーリスクがあり、日本とは市場特性も異なるため、適切なアドバイスが受けられる国で投資を行うことが重要である。

D．適切。外国居住者が不動産を所有することが禁止されている国や地域もある。

265

40. REIT（不動産投資信託）

> **問40　REIT（不動産投資信託）に関する説明について、正しくないものはどれですか。**

A．J－REIT（不動産投資信託）は、投資法人を設立して、投資証券を発行し、投資家から調達した資金で不動産投資を行い、不動産から生じる運用収益を投資家に分配する仕組みとなっている。

B．J－REIT（不動産投資信託）は、証券取引所に上場されているため、流動性も高く少額での不動産投資も可能である。

C．オーストラリア等の海外のREIT（不動産投資信託）には、日本の不動産は投資対象に含まれない。

D．海外のREIT（不動産投資信託）は、為替リスクやカントリーリスクにも注意が必要である。

第3章│不動産

解　説

　REIT（不動産投資信託）について理解する。

　REIT（不動産投資信託）は、米国やオーストラリア等で発展した不動産金融商品で、フランス、イギリス、カナダ、シンガポール、香港などにも上場市場がある。海外REITは、当該国の不動産を中心に保有することが多いが、投資対象には各国の不動産も含まれている。

　日本では、J−REIT（不動産投資信託）は、投資法人を設立して、投資証券を発行し、投資家から調達した資金で不動産投資・運用を行い、不動産から生じる運用収益（賃料収入や譲渡益など）を投資家に分配する仕組みとなっている。また、J−REIT（不動産投資信託）は、証券取引所に上場されていることで流動性も比較的高く、現物不動産を個人で所有するよりも、少額から不動産投資が可能である。

解答　正解　C

A．適切。J−REIT（不動産投資信託）は、投資法人を設立して、投資証券を発行し、投資家から調達した資金で不動産投資・運用を行い、不動産から生じる運用収益（賃料収入や譲渡益など）を投資家に分配する仕組みとなっている。

B．適切。J−REIT（不動産投資信託）は、証券取引所に上場されているため流動性も高く、現物不動産を個人で所有するよりも、少額での不動産投資も可能である。

C．不適切。オーストラリア等の海外のREIT（不動産投資信託）は、当該国の不動産を投資対象としていることが多いが、投資対象には日本の不動産も含まれている場合もある。

D．適切。海外のREIT（不動産投資信託）への投資は、為替リスクやカントリーリスクにも注意が必要である。

【著者プロフィール】

石橋 ひろし
ファイナンシャルプランナー（CFP® 1級FP技能士）

1986年、資格試験の受験予備校大手で実績のある大栄経理学院（現、株式会社リンクアカデミー）に入社。

簿記、税理士、FP資格などの受験指導、教材開発、新規講座開設等の仕事を広く経験。受験講師としては1万人を超える合格者を輩出したほか、各試験の過去問分析から合格に直結する教材作成やカリキュラム開発に従事するなど、合格率の向上に貢献。

2012年、同社を退社、独立。

独立後もFPとしてセミナーやライフプラン相談に親身に応じる傍ら、従来の経験を活かして、主要な資格試験をめぐる動向をフォローし、受験指導講師としても活躍。

先に新設されたプライベートバンキング資格（PB資格・日本証券アナリスト協会）についても、その有用性にいち早く関心を示し、自ら受験を繰り返して問題の傾向をつかみ、今般業界で初めての「PB資格試験対策問題集」を作成。

著書:「FPテキスト」、「簿記テキスト（1級〜3級）」、「新編連結財務諸表」

プライベートバンキング資格試験対策問題集（上巻）

2016年6月30日　初版第1刷発行

著　者 ── 石橋 ひろし

発行所 ── ときわ総合サービス 株式会社

　　　　〒103-0022　東京都中央区日本橋室町4-1-5
　　　　共同ビル（室町四丁目）
　　　　☎ 03-3270-5713　FAX 03-3270-5710
　　　　http://www.tokiwa-ss.co.jp/

印刷／製本 ── 株式会社サンエー印刷

落丁・乱丁本はお取替えいたします。